사회통합 프로그램 단계평가

1·2·3 단계별

실전 모의고사

시대에듀

머리말

한국에서 거주하고 있는 이민자들에게 체류자격 변경과 영주권 및 국적 취득은 한국 사회에 자리를 잡고 살기 위해 중요한 관문입니다. 그리하여 이들에게 한국어와 한국 문화, 한국 사회 이해는 필수적인 요소가 될 수밖에 없습니다. 이에 법무부에서는 이민자들의 안정적인 한국 사회 정착을 돕기 위해 사회통합프로그램을 실시하고 있으며, 그 과정 중 단계평가 역시 이민자의 체류자격 여부 결정에 매우 중요한 평가입니다.

그만큼 단계평가에 대한 중요도는 높으나 수험생을 위한 학습서는 부족한 상태입니다. 이에 이민자들이 단계마다 긴장하지 않고 자신의 실력을 발휘할 수 있기를 바라며 여러 전문가의 노력으로 『사회통합프로그램 단계평가 실전 모의고사』를 기획했습니다.

이 책은 각 단계의 핵심 내용을 체계적으로 정리하여 이민자가 편리하게 학습할 수 있도록 했고, 다양한 문제를 풀어 보면서 문제 유형을 익힐 수 있습니다. 그리고 기출 동형의 실전 모의고사를 단계별로 2회분씩 총 6회분을 구성했고, 실전 모의고사의 해설은 이민자들의 이해를 돕기 위해 영어 번역까지 꼼꼼히 수록했습니다. 또한 OMR 답안 작성 연습까지 확실하게 할 수 있도록 OMR 답안지도 함께 수록하여 본서가 이민자들에게 실질적인 학습 도구가 될 것입니다.

끝으로, 공부하는 이민자 여러분 모두에게 본서가 도움이 되어 좋은 결과가 있기를 응원합니다.

편저자 씀

2025 사회통합프로그램 안내

사회통합프로그램 교육 단계별 신청 방법

참여 신청
사회통합정보망 홈페이지에서 로그인 후 사회통합프로그램 신청

단계 배정

❶ 0단계부터 시작
사회통합정보망 → '단계 배정' 메뉴에서 '0단계부터 시작' 선택하여 신청

❷ 사전평가를 통한 단계 배정
사회통합정보망 → '단계 배정' 메뉴에서 '사전평가를 통한 단계 배정' 신청 → 사회통합프로그램 평가 홈페이지로 자동 연결 → 로그인 → 사전평가 신청 → 평가 응시료 결제 → 접수증 출력 → 평가 응시 → 단계 배정

❸ 연계를 통한 단계 배정
- 결혼이민사증 연계
- 한국어 교육 중급 연계
- TOPIK 등급 보유자 연계

과정 신청
과정 신청 기간 내에 사회통합정보망 '과정 신청' 메뉴에서 배정 단계 수업을 선택하여 수강 신청

※ 사회통합프로그램 교육 신청은 온라인으로만 가능합니다.

사회통합프로그램 평가 단계

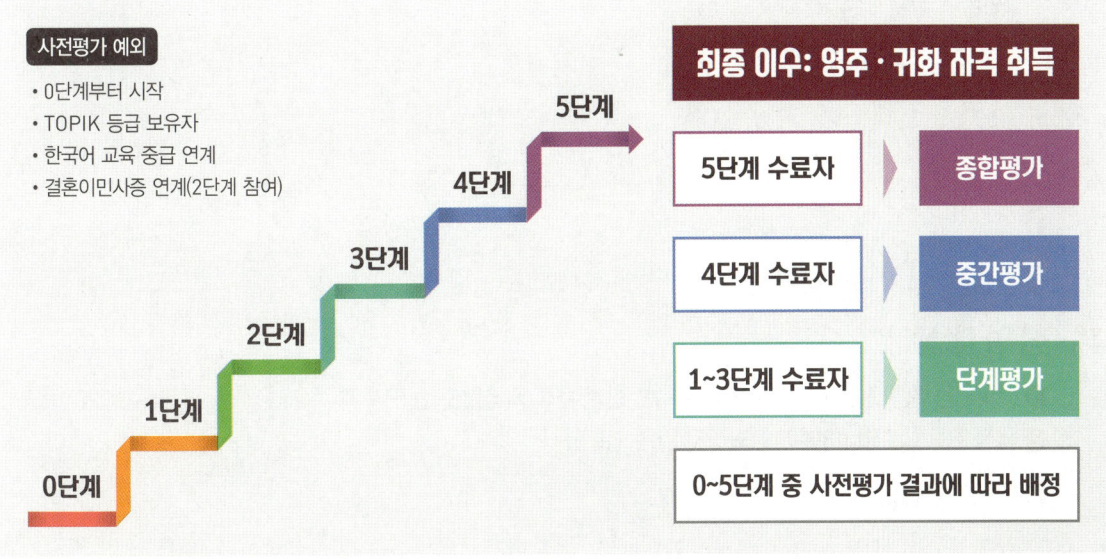

사전평가 예외
- 0단계부터 시작
- TOPIK 등급 보유자
- 한국어 교육 중급 연계
- 결혼이민사증 연계(2단계 참여)

최종 이수: 영주·귀화 자격 취득

5단계 수료자	→	종합평가
4단계 수료자	→	중간평가
1~3단계 수료자	→	단계평가

0~5단계 중 사전평가 결과에 따라 배정

2025 사회통합프로그램 안내

※ 모든 규정과 세부 내용은 변경될 수 있으니 자세한 사항은 관련 홈페이지를 참고하시기 바랍니다.

사회통합프로그램이란?

1. 대한민국에 체류하는 이민자가 한국 사회의 구성원으로 적응·자립하는 데 필요한 기본 소양을 체계적으로 함양할 수 있도록 마련한 교육임.
2. 법무부 장관이 지정한 운영기관에서 소정의 교육을 이수한 이민자에게 체류허가와 영주권·국적 부여 등 이민정책과 연계한 혜택을 제공하여 이민자 사회통합 정책의 핵심적인 역할을 수행하도록 함.

사회통합프로그램 이수 혜택

❶ 귀화 신청 시 혜택
- 귀화용 종합평가 합격 인정: 귀화용 종합평가 합격자
- 귀화 면접심사 면제: 2018년 3월 1일 이후부터 귀화용 종합평가 합격자만 해당

❷ 영주자격 신청 시 혜택
- 기본 소양 요건 충족 인정
- 실태조사 면제

❸ 그 외 체류자격 신청 시 혜택
- 가점 등 점수 부여
- 한국어 능력 등 입증 면제

❹ 사증(VISA) 신청 시 혜택
- 한국어 능력 등 입증 면제

참여 대상

1. 외국인등록증 또는 거소신고증을 소지한 합법 체류 외국인 또는 귀화자
2. 국적 취득일로부터 3년이 경과하지 않은 귀화자

사회통합프로그램 교육 과정 및 이수 시간

❶ 한국어와 한국 문화(0~4단계)
- 사전평가 결과에 따라 교육 단계 배정, 한국어능력시험(TOPIK) 등급 소지자는 프로그램에서 동일 수준의 단계를 인정받아 교육 단계 배정
- 0단계(기초), 1단계(초급1), 2단계(초급2), 3단계(중급1), 4단계(중급2)로 구성

❷ 한국 사회 이해(5단계)
- 기본 과정, 심화 과정 2단계로 구성
- 각 과정 이수 후 영주용 종합평가, 귀화용 종합평가 응시

단계	한국어와 한국 문화					한국 사회 이해	
	0단계	1단계	2단계	3단계	4단계	5단계	
과정	기초	초급1	초급2	중급1	중급2	기본	심화
이수 시간	15시간	100시간	100시간	100시간	100시간	70시간	30시간
평가	없음	1단계 평가	2단계 평가	3단계 평가	중간평가	영주용 종합평가	귀화용 종합평가
사전 평가 점수	구술시험 3점 미만 (필기점수 무관)	3~20점	21~40점	41~60점	61~80점	81~100점	-

※ 2018년 9월 21일부터 사전평가 85점 이상 득점자는 바로 영주용 종합평가 신청이 가능합니다. (단, 5단계 기본 과정 수료 없이 영주용 종합평가에 합격하더라도 이수 완료로는 인정되지 않음)
※ 2021년 8월 16일부터 이수 시간이 변경되어 위와 같이 진행되며, 변경 이전의 교육 과정과 이수 시간은 사회통합정보망으로 문의하시기 바랍니다.

❸ 그 외 교육
- 시민 교육: 이민자의 사회 적응을 위하여 각 분야별 전문기관이 개발한 맞춤형 교육(생활 법률 교육, 마약 예방 교육, 범죄 예방 교육 등 총 7개)이 운영되고 있으며, 법무부 사전 승인을 받아 다양한 시민 교육이 추가될 수 있습니다.
- 지자체 연계 프로그램: 각 지방자치단체의 이민자 대상 문화, 교육, 체험 프로그램 중 사회통합에 기여하는 우수 프로그램을 사회통합프로그램 지자체 연계 프로그램으로 지정하여 참여가 가능합니다.
- 이민자 멘토 교육: 한국에 성공적으로 정착한 이민자가 사회통합프로그램에 참여 중인 이민자의 멘토가 되어 한국 사회 적응을 위한 경험을 공유하는 강연 형식의 상호 소통 교육입니다.

※ 위 교육 참여 시 사회통합프로그램 교육 단계의 출석 시간으로 인정됩니다.

INFORMATION 2025 사회통합프로그램

사회통합프로그램 단계평가 안내

단계평가란?
사회통합프로그램 참여 이민자를 대상으로 해당 단계(1단계~3단계)의 성취도를 측정하는 시험

평가 대상
1단계~3단계의 각 과정을 수료한 사람

평가 시기
❶ **원칙**: 1단계~3단계 교육 종료일에 시행

❷ **예외**
- 운영의 효율성 등을 위해 교육 종료일이 아닌 별도의 시간에 실시 가능
- 이수 인정 출석 시간을 충족한 단계평가 대상자가 부득이한 사유로 단계평가에 참여하지 못하는 경우, 관할 출입국관서에 사전 보고 후 단계평가일 전과 후 각 7일의 범위 내에서 실시되는 거점 내 동일 단계의 단계평가에 참여 가능

평가 방법

시험 종류 \ 구분	문항 유형	평가 항목	문항 수	배점 (총 100점)
필기시험 (20문항, 30분)	객관식	한국어	10문항	75점 (10문항×3.5점, 10문항×4점)
		한국 문화	10문항	
구술시험 (5문항, 약 10분)	구술형	한국어	5문항	25점 (5문항×5점)

합격 기준
100점 만점에 60점 이상

평가 결과 조치
❶ 합격자는 해당 단계가 이수되어 다음 교육 단계로 승급
❷ 불합격자는 동일한 교육 단계를 재수료하면 해당 단계가 이수되어 다음 교육 단계로 승급 가능

2025 사회통합프로그램
일주일 만에 끝내는 학습 플랜

🟡 나의 실력과 상황에 따라 공부해 봅시다!

한 번에 단계평가를 합격하고 싶지만 공부 시간이 부족한 학습자를 위해 부족한 부분은 보완하고, 알고 있는 부분은 확실하게 다질 수 있는 일주일 학습 플랜을 구성했습니다.

구분	1단계	2단계	3단계
1일 차	✔(월 일) 학습 포인트	□(월 일) 학습 포인트	□(월 일) 학습 포인트
2일 차	□(월 일) 학습 포인트 복습	□(월 일) 학습 포인트 복습	□(월 일) 학습 포인트 복습
3일 차	□(월 일) 유형별 연습 문제	□(월 일) 유형별 연습 문제	□(월 일) 유형별 연습 문제
4일 차	□(월 일) 유형별 연습 문제 복습	□(월 일) 유형별 연습 문제 복습	□(월 일) 유형별 연습 문제 복습
5일 차	□(월 일) 제1회 실전 모의고사	□(월 일) 제1회 실전 모의고사	□(월 일) 제1회 실전 모의고사
6일 차	□(월 일) 제2회 실전 모의고사	□(월 일) 제2회 실전 모의고사	□(월 일) 제2회 실전 모의고사
7일 차	□(월 일) 제1회 실전 모의고사, 제2회 실전 모의고사 복습	□(월 일) 제1회 실전 모의고사, 제2회 실전 모의고사 복습	□(월 일) 제1회 실전 모의고사, 제2회 실전 모의고사 복습

🟡 만약 공부 시간이 충분하다면 문제를 여러 번 풀어 보세요!

구분	1단계	2단계	3단계
1번	□ 제1회 실전 모의고사 □ 제2회 실전 모의고사	□ 제1회 실전 모의고사 □ 제2회 실전 모의고사	□ 제1회 실전 모의고사 □ 제2회 실전 모의고사
2번	□ 제1회 실전 모의고사 □ 제2회 실전 모의고사	□ 제1회 실전 모의고사 □ 제2회 실전 모의고사	□ 제1회 실전 모의고사 □ 제2회 실전 모의고사
3번	□ 제1회 실전 모의고사 □ 제2회 실전 모의고사	□ 제1회 실전 모의고사 □ 제2회 실전 모의고사	□ 제1회 실전 모의고사 □ 제2회 실전 모의고사

2025 사회통합프로그램

사진으로 미리 보는 빈출 단어

🔹 교통수단

 자동차

 지하철

버스

 택시

 자전거

 오토바이

 기차

 비행기

 배

🔹 한국의 인기 여행지와 도시

 남산 서울 타워(서울)

 경복궁(서울)

 한강(서울)

 불국사(경주)

 석굴암(경주)

 해운대와 광안리(부산)

 한옥 마을(전주)

 자연 경치(제주도)

지역 복지 시설

보건소

행정 복지 센터(주민 센터)

문화(체육) 센터

외국인 인력 상담 센터

육아 종합 지원 센터

종합 사회 복지관

다문화가족 지원 센터

지역 아동 센터

한국의 전통시장

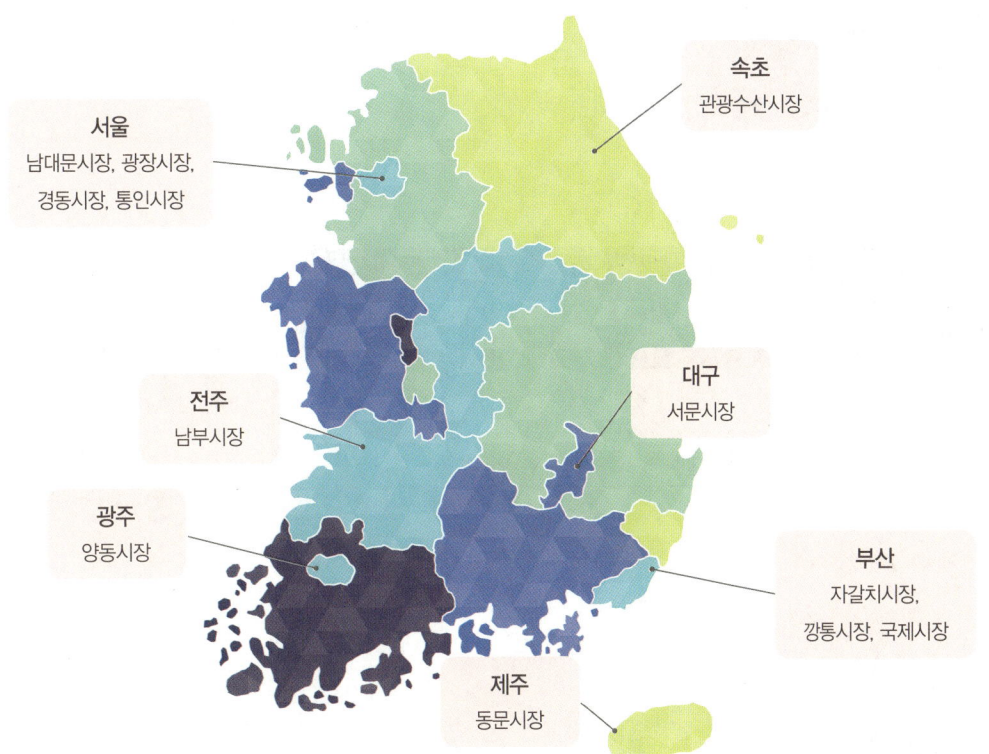

구성과 특징

학습 포인트
단계별로 꼭 필요한 어휘와 문법을 뽑아 정리했습니다. 주제별로 자주 나오는 개념을 한 번에 정리할 수 있습니다.

유형별 연습 문제
단계마다 어떤 문제가 나오는지 유형별로 정리했습니다. 연습 문제를 풀어 보며 꼼꼼하게 단계평가를 준비해 봅시다.

실전 모의고사
각 단계별로 기출 동형의 실전 모의고사를 2회분씩 수록했습니다. 실제 시험처럼 시간을 재면서 문제를 풀어 봅시다. 그리고 구술시험은 반드시 소리 내어 말하는 연습으로 실전에 대비해 봅시다.

※ 모바일 OMR 자동채점 서비스는 정답 확인용 채점 서비스입니다.

정답 및 해설

각 단계별 실전 모의고사의 모든 문항에 한국어와 영어로 해설을 수록했습니다. 자세하고 친절한 풀이로 혼자서도 충분히 공부할 수 있습니다.

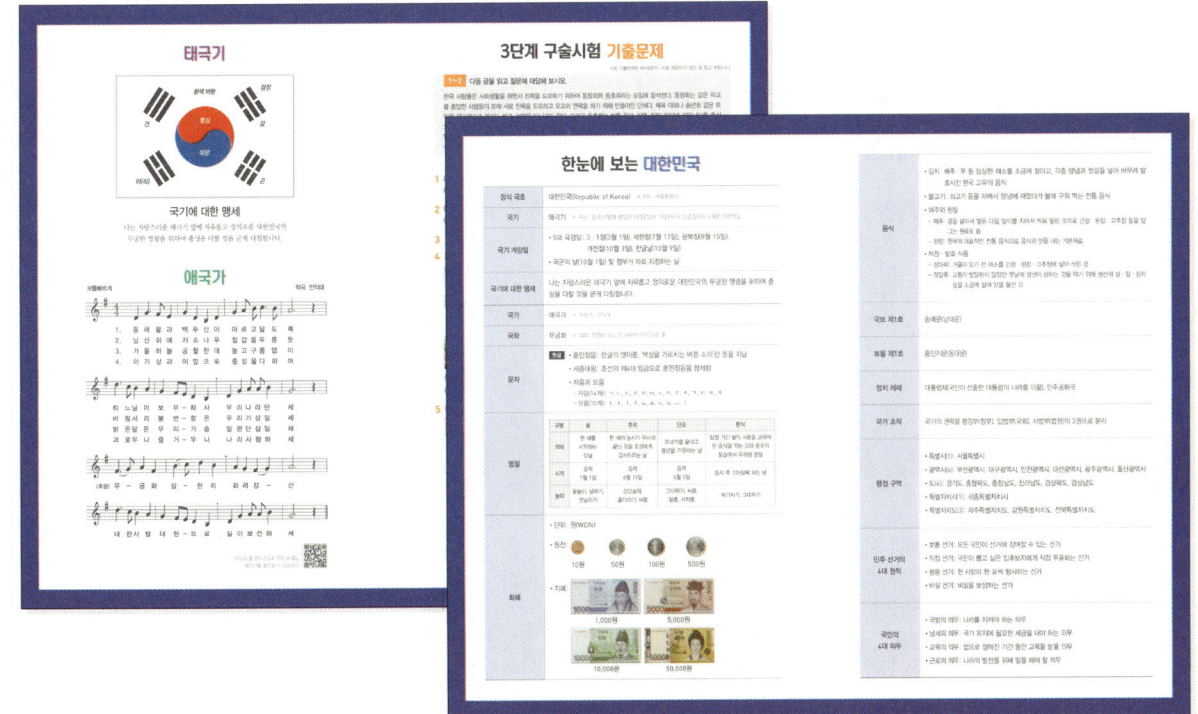

'한눈에 보는 대한민국'과 3단계 구술시험 기출문제

꼭 알아야 할 대한민국의 정보를 한눈에 볼 수 있게 정리했습니다. 또한 3단계의 구술시험 기출문제를 복원·수록하여 구술시험이 어떻게 출제되는지 미리 살펴볼 수 있습니다.

이 책의 차례

PART 1　핵심 유형 익히기

1단계 학습 포인트 ·· 3
　　　　유형별 연습 문제 ··· 13
2단계 학습 포인트 ··· 33
　　　　유형별 연습 문제 ··· 39
2단계 학습 포인트 ··· 59
　　　　유형별 연습 문제 ··· 67

PART 2　실전 모의고사

1단계 제1회 실전 모의고사 ··· 91
　　　　제2회 실전 모의고사 ··· 100
2단계 제1회 실전 모의고사 ··· 108
　　　　제2회 실전 모의고사 ··· 118
3단계 제1회 실전 모의고사 ··· 128
　　　　제2회 실전 모의고사 ··· 138

PART 3　정답 및 해설

1단계 제1회 정답 및 해설 ··· 151
　　　　제2회 정답 및 해설 ·· 160
2단계 제1회 정답 및 해설 ··· 169
　　　　제2회 정답 및 해설 ·· 179
3단계 제1회 정답 및 해설 ··· 188
　　　　제2회 정답 및 해설 ·· 197

태극기

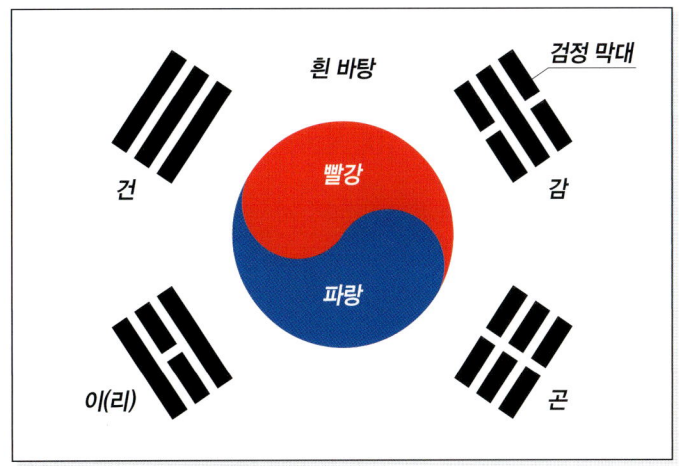

국기에 대한 맹세

나는 자랑스러운 태극기 앞에 자유롭고 정의로운 대한민국의 무궁한 영광을 위하여 충성을 다할 것을 굳게 다짐합니다.

애국가

음식	• 김치: 배추·무 등 싱싱한 채소를 소금에 절이고, 각종 양념과 젓갈을 넣어 버무려 발효시킨 한국 고유의 음식
	• 불고기: 쇠고기 등을 저며서 양념에 재었다가 불에 구워 먹는 전통 음식
	• 메주와 된장
	  − 메주: 콩을 삶아서 찧은 다음 덩이를 지어서 띄워 말린 것으로 간장·된장·고추장 등을 담그는 원료로 씀
	  − 된장: 한국의 대표적인 전통 음식으로 음식의 맛을 내는 기본재료
	• 저장·발효 식품
	  − 장아찌: 겨울이 오기 전 채소를 간장·된장·고추장에 넣어 삭힌 것
	  − 젓갈류: 교통이 발달하지 않았던 옛날에 생선이 상하는 것을 막기 위해 생선의 살·알·창자 등을 소금에 절여 맛을 들인 것

국보 제1호	숭례문(남대문)
보물 제1호	흥인지문(동대문)
정치 체제	대통령제(국민이 선출한 대통령이 나라를 이끎), 민주공화국
국가 조직	국가의 권력을 행정부(정부), 입법부(국회), 사법부(법원)의 3권으로 분리
행정 구역	• 특별시(1): 서울특별시 • 광역시(6): 부산광역시, 대구광역시, 인천광역시, 대전광역시, 광주광역시, 울산광역시 • 도(6): 경기도, 충청북도, 충청남도, 전라남도, 경상북도, 경상남도 • 특별자치시(1): 세종특별자치시 • 특별자치도(3): 제주특별자치도, 강원특별자치도, 전북특별자치도
민주 선거의 4대 원칙	• 보통 선거: 모든 국민이 선거에 참여할 수 있는 선거 • 직접 선거: 국민이 뽑고 싶은 입후보자에게 직접 투표하는 선거 • 평등 선거: 한 사람이 한 표씩 행사하는 선거 • 비밀 선거: 비밀을 보장하는 선거
국민의 4대 의무	• 국방의 의무: 나라를 지켜야 하는 의무 • 납세의 의무: 국가 유지에 필요한 세금을 내야 하는 의무 • 교육의 의무: 법으로 정해진 기간 동안 교육을 받을 의무 • 근로의 의무: 나라의 발전을 위해 일을 해야 할 의무

한눈에 보는 대한민국

정식 국호	대한민국(Republic of Korea) ※ 수도: 서울특별시
국기	태극기 ※ 구성: 흰색 바탕에 중앙의 태극문양과 가장자리의 건곤감리의 4괘로 이루어짐
국기 게양일	• 5대 국경일: 3·1절(3월 1일), 제헌절(7월 17일), 광복절(8월 15일), 개천절(10월 3일), 한글날(10월 9일) • 현충일(6월 6일, 조기), 국군의 날(10월 1일) 및 정부가 따로 지정하는 날
국기에 대한 맹세	나는 자랑스러운 태극기 앞에 자유롭고 정의로운 대한민국의 무궁한 영광을 위하여 충성을 다할 것을 굳게 다짐합니다.
국가	애국가 ※ 작곡가: 안익태
국화	무궁화 ※ 의미: 영원히 피고 또 피어서 지지 않는 꽃
문자	**한글** • 훈민정음: 한글의 옛이름, '백성을 가르치는 바른 소리'란 뜻을 지님 • 세종대왕: 조선의 제4대 임금으로 훈민정음을 창제함 • 자음과 모음 　- 자음(14개): ㄱ, ㄴ, ㄷ, ㄹ, ㅁ, ㅂ, ㅅ, ㅇ, ㅈ, ㅊ, ㅋ, ㅌ, ㅍ, ㅎ 　- 모음(10개): ㅏ, ㅑ, ㅓ, ㅕ, ㅗ, ㅛ, ㅜ, ㅠ, ㅡ, ㅣ

구분	설	추석	단오	한식
의미	한 해를 시작하는 첫날	한 해의 농사가 무사히 끝난 것을 조상에게 감사드리는 날	모내기를 끝내고 풍년을 기원하는 날	일정 기간 불의 사용을 금하며 찬 음식을 먹는 고대 중국의 풍습에서 유래된 명절
시기	음력 1월 1일	음력 8월 15일	음력 5월 5일	동지 후 105일째 되는 날
놀이	윷놀이, 널뛰기, 연날리기	강강술래, 줄다리기, 씨름	그네뛰기, 씨름, 탈춤, 사자춤	제기차기, 그네뛰기

화폐
• 단위: 원(WON)
• 동전: 10원, 50원, 100원, 500원
• 지폐: 1,000원, 5,000원, 10,000원, 50,000원

3단계 구술시험 기출문제

※본 기출문제는 예시답안이 따로 제공되지 않는 점 참고 바랍니다.

1~2 다음 글을 읽고 질문에 대답해 보시오.

한국 사람들은 사회생활을 하면서 친목을 도모하기 위하여 동창회와 동호회라는 모임에 참석한다. 동창회는 같은 학교를 졸업한 사람들이 모여 서로 친목을 도모하고 모교와 연락을 하기 위해 만들어진 단체다. 체육 대회나 송년회 같은 모임을 정기적으로 열기도 하고, 여행을 다니기도 한다. 그리고 동호회는 보통 학교, 지역, 직장, 인터넷 커뮤니티를 중심으로 만들어지며, 같은 취미를 가진 사람들이 함께 즐기는 모임이다. 요즘은 온라인에서 정보를 공유하는 모임이 먼저 만들어지고, 이를 실제 모임으로 연결해 직접 만나기도 한다. 동호회에 가입하면 취미 활동은 물론이고 다양한 정보를 수집하면서 새로운 사람들을 사귈 수도 있다.

1 (1) 동창회란 무엇입니까?
(2) 동호회란 무엇입니까?

2 (1) 동창회에서는 무엇을 합니까?
(2) 동호회에서는 무엇을 합니까?

3 _____ 씨는 한국에서 모임에 가입하거나 가 본 적이 있습니까? 한국에서 모임에 가 본 경험을 말해 보시오.

4 그림을 보고 질문에 대답해 보시오.

(1) 이 사람은 무엇을 하고 있습니까?
(2) 여러분이 요즘 자주 만들어 먹는 음식은 무엇입니까?

5 대인 관계의 어려운 점을 말하고, 해결 방법을 제시해 보시오.

(1)	(2)
• 관계: 직장 상사 • 어려운 점: 대하기 어렵다, 도움을 요청하기 어렵다 • 해결 방법: 의견을 솔직하게 말하다	• 관계: 고향 친구 • 어려운 점: 연락을 자주 못해서 멀어진 것 같다 • 해결 방법: 깊은 대화를 나누다
나: 무슨 고민이 있어? 표정이 안 좋아. 친구: _____. 나: 어떤 점이 어려워? 친구: _____. 나: 그럼, _____. 친구: 내 고민을 들어줘서 고마워. 그렇게 해 볼게. 나: 그래. 너무 걱정하지 말고 잘 이야기해 봐.	나: 무슨 고민이 있어? 표정이 안 좋아. 친구: _____. 나: 어떤 점이 어려워? 친구: _____. 나: 그럼, _____. 친구: 내 고민을 들어줘서 고마워. 그렇게 해 볼게. 나: 그래. 너무 걱정하지 말고 잘 이야기해 봐.

PART 1
핵심 유형 익히기

1단계 학습 포인트

2단계 학습 포인트

3단계 학습 포인트

| 학습 TIP | # 단계평가를 공부하는 방법 |

단계평가 1·2·3단계는 『법무부 사회통합프로그램(KIIP) 한국어와 한국 문화』 초급 1부터 중급 1까지의 단계를 말합니다. 이 책의 유형별 연습 문제를 풀어 보면서 더 공부하고 싶은 부분이 있다면 아래의 과(단원)에 맞는 교재와 함께 공부해 보세요. 단계평가 학습 효과를 더 높일 수 있을 것입니다.

1단계 (초급 1)	1과 안녕하세요? 2과 방에 책상이 있어요. 3과 한국어를 배워요. 4과 라흐만 씨가 식당에 가요. 5과 오늘은 5월 5일이에요. 6과 9시부터 6시까지 일해요. 7과 김치찌개 하나 주세요. 8과 칫솔하고 치약을 삽니다. 9과 지난 주말에 친구를 만났어요.	10과 아버지는 요리를 잘하세요. 11과 어버이날에 부모님께 꽃을 드려요. 12과 이번 휴가에 뭐 할 거예요? 13과 버스로 공항에 가요. 14과 저녁 7시에 만날까요? 15과 오늘 날씨가 정말 덥네요. 16과 배가 아파서 병원에 가요. 17과 사진을 찍지 마세요. 18과 한국 생활은 조금 힘든데 재미있어요.
2단계 (초급 2)	1과 제 고향은 경치가 아름다운 곳이에요. 2과 쓰레기는 내가 버릴게요. 3과 이걸로 한번 입어보세요. 4과 지금 통화할 수 있어요? 5과 많이 아프면 이 약을 드세요. 6과 맛있는 음식을 먹을 때 행복해요. 7과 집들이니까 세제나 휴지를 가져갈게요. 8과 9월부터 한국어 수업을 듣기로 했어요. 9과 근처에 자주 가는 식당이 있어요.	10과 시청 옆에 있는데 가까워요. 11과 보름달을 보면서 소원을 빌어요. 12과 실수를 자주 하는 편이에요. 13과 소포를 보내려고 하는데요. 14과 비자 연장 신청을 하려면 어떻게 해야 돼요? 15과 무역 회사에서 번역 일을 하고 있어요. 16과 그 행사에는 가족이나 친구를 데려가도 되거든요. 17과 잠을 푹 자면 좋겠어요. 18과 이 수업을 신청하는 게 어때요?
3단계 (초급 3)	1과 대인관계 2과 성격 3과 지역 복지 서비스 4과 교환과 환불 5과 소비와 절약 6과 주거 환경 7과 문화생활 8과 음식과 요리	9과 고장과 수리 10과 취업 11과 부동산 12과 전통 명절 13과 직장 생활 14과 인터넷과 스마트폰 15과 고민과 상담 16과 기후와 날씨

1단계 학습 포인트

※ 각 과(단원)별 학습 포인트는 법무부 공인 교재의 '어휘와 문법' 및 '문화와 정보'를 중심으로 재구성하였습니다.

1 어휘

주제	주요 어휘
인사와 소개	이름, 직업, 국적, 선생님, 회사원, 학생, 공장 직원, 판매원, 주부, 한국어 **문화와 정보** '인사말'과 관련된 어휘 안녕하세요, 처음 뵙겠습니다, 만나서 반갑습니다, 안녕히 계세요, 안녕히 가세요, 만나다, 헤어지다
사물	책상, 의자, 침대, 컴퓨터, 휴대 전화, 시계, 칠판, 지도, 책, 필통, 볼펜, 우산, 공책, 수건, 거울, 휴지, 에어컨, 소파, 식탁, 컵, 냉장고, 옷장, 세탁기 **문화와 정보** '이름'과 관련된 어휘 성(이름), 고향
일상생활	싸다, 비싸다, 많다, 적다, 크다, 작다, 맛있다, 맛없다, 어렵다, 쉽다, 재미있다, 재미없다, 좋다, 나쁘다, 예쁘다, 바쁘다, 아프다, (배가) 고프다, 요리하다, 읽다, 공부하다, 보다, 마시다, 청소하다, 먹다, 만나다, 사다, 일하다, 자다, 운동하다, 게임하다, 전화하다 **문화와 정보** '감사와 사과'와 관련된 어휘 고맙습니다, 감사합니다, 미안합니다, 죄송합니다, 괜찮습니다
장소	학교, 교실, 도서관, 편의점, 회사, 기숙사, 은행, 집, 식당, 카페/커피숍, 병원, 약국, 마트, 시장, 영화관/극장, 백화점, 찜질방, 헬스장, 노래방, 피시방/PC방, 미용실, 세탁소, 빨래방, 우체국, 서점, 공원, 문화 센터, 근처, 밖 **문화와 정보** '휴식 공간'과 관련된 어휘 휴식, 공간, 시민 공원, 둘레길, 쉼터
날짜와 요일	날짜, 몇 월, 며칠, 영/공, 일, 이, 삼, 사, 오, 육, 칠, 팔, 구, 십, 유월, 시월, 어제, 오늘, 내일, 지난주, 이번 주, 다음 주, 요일, 월요일, 화요일, 수요일, 목요일, 금요일, 토요일, 일요일, 주말, 평일 **문화와 정보** '유용한 전화번호'와 관련된 어휘 소방서(119), 경찰서(112), 민원 상담(110), 외국인 종합 안내 센터(1345), 정부 기관, 외국어, 유용하다, 필요하다

하루 일과	하나, 둘, 셋, 넷, 다섯, 여섯, 일곱, 여덟, 아홉, 열, 스물, 서른, 마흔, 쉰, 예순, 일흔, 여든, 아흔, 오전, 오후, 새벽, 아침, 낮, 저녁, 밤, 시, 분, 반, 하루 문화와 정보 '일과 생활'과 관련된 어휘 주5일, 쯤, 출근하다, 퇴근하다, 일하다
음식	분식집, 김밥, 떡볶이, 순대, 라면, 한식집, 삼계탕, 불고기, 삼겹살, 김치찌개, 비빔밥, 된장찌개, 일식집, 생선회, 초밥, 우동, 돈가스, 중국집, 짜장면, 짬뽕, 만두, 탕수육, 이탈리아 식당, 피자, 햄버거, 스파게티, 샐러드, 메뉴, 반찬, 숟가락, 젓가락, 그릇, 주문하다, 기다리다 문화와 정보 '한국의 식사 예절'과 관련된 어휘 식사, 예절, 수저, 들다, 놓다
쇼핑	노트북, 대, 물, 잔, 사진, 장, 책, 권, 강아지, 마리, 사람 명/분, 케이크, 조각, 사과, 개, 주스, 병, 불고기, 인분 문화와 정보 '한국의 화폐'와 관련된 어휘 화폐, 지폐, 동전, 현금, 수표, 신용 카드, 체크 카드
주말	한옥 마을, 한복, 쉬다, 축구하다, 산책하다, 아르바이트하다, 쇼핑하다, 식사하다, 이야기하다, 걷다 문화와 정보 '주말 활동'과 관련된 어휘 취미, 텔레비전(TV), 인터넷 검색, 연극, 즐기다
가족	할머니, 할아버지, 외할머니, 외할아버지, 어머니/엄마, 아버지/아빠, 언니, 오빠, 나, 여동생, 남동생, 누나, 형, 부모님, 높임말/존댓말, 성함(이름), 연세(나이), 생신(생일), 계시다(있다), 드시다/잡수시다(먹다), 주무시다(자다), 돌아가시다(죽다), 말씀하시다(말하다) 문화와 정보 '가족 호칭'과 관련된 어휘 호칭, 부르다
특별한 날	선물, 초대, 어버이날, 스승의 날, 어린이날, 졸업식, 결혼식, 케이크, 카드, 주다, 보내다, 받다, (노래를) 부르다, 축하하다 문화와 정보 '한국의 국경일'과 관련된 어휘 국경일, 3·1절(3월 1일), 독립운동, 제헌절(7월 17일), 헌법, 공포, 광복절(8월 15일), 광복, 개천절(10월 3일), 고조선, 한글날(10월 9일), 세종대왕
휴가 계획	농구, 여행, 가족, 외식, 놀이공원, 낮잠, 휴가, 수영, 배, 낚시, 등산, 캠핑, 꽃구경, 동물, 불꽃놀이, 고향 친구 문화와 정보 '한국의 인기 여행지'와 관련된 어휘 인기, 자연 경치, 전통, 역사, 알다, 불국사, 경복궁

교통	자동차, 버스, 택시, 자전거, 지하철, 오토바이, 비행기, 기차, 고속버스, 정류장, 공항, 지하철역, 기차역, 고속버스터미널, 전망대, 케이블카 **문화와 정보** '한국의 대중교통'과 관련된 어휘 대중교통, 시내버스, 광역버스, 시외버스, 교통 카드, 충전, 이동하다
약속	모임, 직장, 야근, 회식, 시험, 약속하다, 지키다, 정하다, 바꾸다, 늦다, 일이 생기다, 답장하다 **문화와 정보** '약속 장소'와 관련된 어휘 약속, 장소, 도착하다
날씨	날씨, 계절, 봄, 여름, 가을, 겨울, 사계절, 바닷가, 단풍, 눈썰매, 스키, 따뜻하다, 덥다, 쌀쌀하다, 춥다, 꽃이 피다, 맑다, 흐리다, 비가 오다, 눈이 오다, 구름이 끼다, 안개가 끼다, 바람이 불다, 천둥/번개가 치다 **문화와 정보** '안전 안내 문자'와 관련된 어휘 재난, 안전, 안내 문자, 정부, 미세 먼지, 황사, 폭염, 호우, 한파, 폭설, 건조 주의보, 메시지
병원	눈, 코, 입, 귀, 목, 팔, 허리, 배, 손, 다리, 무릎, 발, 내과, 이비인후과, 정형외과, 안과, 치과, 생강차, 비타민C, 다리가 부러지다, 푹 쉬다 **문화와 정보** '병원'과 관련된 어휘 1차 병원, 의원, 보건소, 2차 병원, 종합 병원, 3차 병원, 상급 종합 병원, 진료, 진료 의뢰서, 예약
공공장소	주차장, 박물관, 경찰서, 행정복지센터(주민 센터), 위층, 아래층, 오른쪽, 왼쪽, 건너편, 맞은편, 금지, 금연, 잔디밭, 안내문, 취사, 야영, 캠핑, 쓰레기 투기, 국립공원, 동물원, 주차하다, 길을 건너다, (담배를) 피우다, 뛰다, 들어가다, 버리다, 찍다 **문화와 정보** '공공 예절'과 관련된 어휘 공공장소, 공공 예절, 교통 약자, 노인, 임산부, 장애, 배려하다
한국 생활	방학, 건강 보험, 점심시간, 의식주(옷·음식·집), 24시간 배달, 쓰레기봉투, 졸업하다, 입학하다, 팔다, 문을 열다, 문을 닫다, 결혼하다 **문화와 정보** '줄임말'과 관련된 어휘 줄임말, 의미, 간편하다, 모르다, 불편하다

2 문법

문법 표현	의미	예문
이에요/예요	사람이나 사물의 이름을 나타낼 때 사용한다.	• 저는 학생이에요. • 여기는 회사예요.
은/는	어떤 대상이 주제거나 다른 것과 대조될 때, 또는 강조를 나타낼 때 사용한다.	• 오늘은 바람이 많이 불고 추워요. • 저는 학생입니다.
이/가	행동이나 상황의 주어를 나타낼 때 사용한다.	• 이것은 책이 아니에요. • 한국어가 재미있습니다.
에 있다/없다	사람이나 사물이 있는지(또는 없는지)를 나타낼 때 사용한다.	• 침대는 방에 있어요. • 돈이 지갑에 없어요.
-아/어해요	어떤 사실을 설명하거나 질문, 명령, 권유할 때 사용한다.	• 사람이 많아요. • 한국어를 배워요.
을/를	행동의 대상을 나타낼 때 사용한다.	• 밥을 먹어요. • 커피를 마시고 싶어요.
에 가다/오다/다니다	❶ 장소나 자리를 나타낼 때 사용한다. ❷ 목적지이거나 행동의 방향을 나타낼 때 사용한다.	• 우리는 학교에 가요. • 오늘 친구가 우리 집에 와요.
에서	행동이 이루어지는 장소를 나타낼 때 사용한다.	• 은행에서 돈을 찾아요. • 카페에서 친구를 만났습니다.
에	시간이나 때를 나타낼 때 사용한다.	• 2시에 만나요. • 다음 달에 고향에 갑니다.
이/가 아니다	어떤 사실을 부정할 때 사용한다.	• 오늘은 일요일이 아니에요. • 제 전화번호가 아니에요.
~부터 ~까지	어떤 일의 시작과 끝을 나타낼 때 사용한다.	• 1일부터 7일까지 휴가예요. • 12시부터 1시까지 점심을 먹어요.
~에서 ~까지	출발과 도착을 나타낼 때 사용한다.	• 집에서 학교까지 1시간이 걸려요. • 서울에서 부산까지 차를 타고 가요.
안	부정이나 반대를 나타낼 때 사용한다.	• 오늘은 안 바빠요. • 날씨가 안 더워요.
-고 싶다	앞의 말이 나타내는 행동을 하기를 원할 때 사용한다.	• 영화가 보고 싶어요. • 집에서 쉬고 싶어요.
-(으)세요	설명, 의문, 명령, 요청을 나타낼 때 사용한다.	• 손님, 여기에 앉으세요. • 잠깐만 기다리세요.
와/과/하고	사람이나 사물을 나열할 때 사용한다.	• 시장에서 사과와 수박을 샀어요. • 교실에 책상과 의자가 있어요. • 고향에 동생하고 누나가 있어요.

문법	설명	예문
-(으)ㅂ니다/습니다	현재의 동작, 상태, 사실을 정중하게 설명할 때 사용한다.	• 이 컴퓨터는 빠릅니다. • 연필이 있습니다.
-았/었/했-	과거의 사실을 나타낼 때 사용한다.	• 지난 주말은 쉬었어요. • 어제 뭐 했어요?
도	이미 있는 것에 다른 것을 더할 때 사용한다.	• 수영을 좋아하고 축구도 좋아해. • 공원에서 산책을 합니다. 자전거도 탑니다.
-(으)시-	동작이나 상태의 주체를 높일 때 사용한다.	• 어머니는 키가 크십니다. • 아버지는 선생님이세요.
-지만	앞의 내용을 인정하면서 그와 반대되거나 다른 사실을 나타낼 때 사용한다.	• 이 음식은 비싸지만 맛있어요. • 저는 학생이지만 형은 회사원이에요.
에게/한테/께	행동의 영향을 받는 대상을 나타낼 때 사용한다.	• 고향 친구에게 전화를 했어요. • 동생한테 문자를 보냈어요. • 부모님께 선물을 받았어요.
-아/어/해 주다	다른 사람을 위해 어떤 행동을 할 때 사용한다.	• 친구가 생일 선물로 옷과 가방을 사 주었어요. • 전화번호 좀 가르쳐 주세요.
-아/어/해 드리다	'-아/어/해 주다'의 높임 표현이며, 다른 사람을 위해 어떤 행동을 할 때 사용한다.	• 부모님께 꽃을 만들어 드렸어요. • 할머니께 선물을 전해 드렸어요.
-(으)ㄹ 거예요	미래의 일이나 계획을 말할 때 사용한다.	• 저녁에 뭐 먹을 거예요? • 이번 여름에 고향에 갈 거예요.
-고	두 가지 이상의 일을 나열할 때 사용한다.	• 한국어 공부는 쉽고 재미있어. • 주말에 청소도 하고 빨래도 했어.
(으)로	어떤 일의 수단이나 도구를 나타낼 때 사용한다.	• 수건으로 손을 닦았어요. • 공항에 택시로 가요.
-(으)러 가다/오다/다니다	가거나 오거나 하는 동작의 목적을 나타낼 때 사용한다.	• 도서관에 책을 빌리러 가요. • 한국에 일하러 왔어요.
-(으)ㄹ까요?	상대방의 의견을 묻거나 제안할 때 사용한다.	• 내일 몇 시에 만날까요? • 방이 더운데 창문을 좀 열까요?
못	행동을 할 수 없을 때 사용한다.	• 몸이 아파서 학교에 못 가요. • 일이 많아서 숙제를 못 했어요.
-네요	직접 경험하여 새롭게 알게 된 사실에 대해 감탄을 나타낼 때 사용한다.	• 오늘 날씨가 정말 덥네요. • 한국어를 정말 잘하네요.
보다	서로 차이가 있는 것을 비교할 때 사용한다.	• 여름보다 겨울을 더 좋아해요. • 지금은 버스보다 지하철이 빨라.
-아/어/해서	이유나 원인을 나타낼 때 사용한다.	• 배가 아파서 병원에 가요. • 감기에 걸려서 회사에 못 갔어요.
-는 것	명사가 아닌 것을 명사처럼 만들 때 사용한다.	• 아침에 물을 마시는 것이 건강에 좋아요. • 제 취미는 노래를 부르는 것이에요.

(으)로	방향을 나타낼 때 사용한다.	• 왼쪽으로 가면 편의점이 있어요. • 서울로 가 주세요.
-지 말다	어떤 행동을 하지 못하게 할 때 사용한다.	• 사진을 찍지 마세요. • 버스 정류장에서 담배를 피우지 마세요.
-지요?	이미 알고 있는 것을 다시 확인할 때 사용한다.	• 제 말이 맞지요? • 한국어 시험이 어렵지요?
-(으)ㄴ/는데	앞의 내용과 다른 사실과 행동을 말할 때 사용한다.	• 오전에는 바쁜데 오후는 안 바빠요. • 지금 서울은 여름인데 제 고향은 겨울입니다.

더 알아보기

1 연결하는 말

표현	의미	예문
그리고	앞뒤의 문장을 연결할 때 사용한다.	• 동생은 사과와 딸기, 그리고 복숭아를 좋아한다. • 밥을 먹었다. 그리고 이를 닦았다.
그러나	앞뒤 문장의 내용이 서로 다를 때 사용한다.	• 4월이 되었어요. 그러나 날씨는 여전히 추워요.
그렇지만		• 나는 너를 사랑한다. 그렇지만 우리는 헤어져야만 한다.
하지만		• 저는 빵을 좋아합니다. 하지만 동생은 빵을 싫어합니다.
그래서	앞에 나오는 내용이 뒤에 나오는 내용의 원인이나 근거, 조건이 될 때 사용한다.	• 어제는 아주 아팠어. 그래서 학교에 결석했어. • 오늘은 친구의 생일이에요. 그래서 생일 선물을 샀어요.

2 꾸며 주는 말

가끔, 갑자기, 같이, 거의, 계속, 너무, 다시, 다행히, 또한, 많이, 매일, 매우, 먼저, 미리, 보통, 빨리, 벌써, 아주, 아직, 열심히, 오래, 일찍, 자주, 잠깐, 정말, 제일, 조금(좀), 천천히, 특히, 함께, 항상, 푹

3 불규칙 동사

1) '으' 탈락

'ㅡ' + 모음 ➡ 'ㅡ'가 탈락

구분		기본형	-아/어요	-았/었어요
ㅏ, ㅗ (O)	+ 아요	바쁘다	바빠요	바빴어요
		고프다	고파요	고팠어요
ㅏ, ㅗ (X)	+ 어요	기쁘다	기뻐요	기뻤어요
		예쁘다	예뻐요	예뻤어요

예) 지난주는 일이 많아서 바빴어요.
　　아침을 안 먹어서 배가 고파요.
　　어제 친구들이 생일 파티를 해 줘서 기뻤어요.
　　언니보다 제가 더 예뻐요.

2) 'ㄹ' 탈락

받침 'ㄹ' + 'ㄴ, ㅂ, ㅅ' ➡ 받침 'ㄹ'이 탈락

기본형	-(으)세요	-(으)ㅂ니다
알다	아세요	압니다
열다	여세요	엽니다
울다	우세요	웁니다
만들다	만드세요	만듭니다

예 한국어가 어렵다는 것을 압니다.
　 교실이 더우니까 창문을 여세요.
　 아기가 웁니다.
　 아버지가 지금 빵을 만드세요.

3) '르' 불규칙

'르' + 모음 ➡ 받침 'ㄹ'이 생기며, 'ㅡ'가 탈락

구분		기본형	-아/어요	-았/었어요
ㅏ, ㅗ (O)	+ 아요	모르다	몰라요	몰랐어요
		다르다	달라요	달랐어요
ㅏ, ㅗ (X)	+ 어요	부르다	불러요	불렀어요

예 줄임말은 잘 몰라요.
　 한국의 문화와 고향의 문화는 달라요.
　 동생이 제 이름을 불렀어요.

4) 'ㄷ' 불규칙

받침 'ㄷ' + 모음 ➡ 받침 'ㄷ'이 'ㄹ'로 바뀜

구분		기본형	-아/어요	-았/었어요
ㅏ, ㅗ (O)	+ 아요	깨닫다	깨달아요	깨달았어요
ㅏ, ㅗ (X)	+ 어요	듣다	들어요	들었어요
		걷다	걸어요	걸었어요
		묻다	물어요	물었어요

예 제 잘못을 깨달았어요.
　　음악을 들어요.
　　어제 날씨가 좋아서 공원을 걸었어요.
　　친구가 나에게 수학 문제를 물었어요.

5) 'ㅂ' 불규칙

받침 'ㅂ' + 모음 ➡ 'ㅂ'이 '우'로 바뀌며, '돕다'의 경우 '오'로 바뀜　　　＊는 예외

기본형	-아/어요	-아/어서
가깝다	가까워요	가까워서
덥다	더워요	더워서
맵다	매워요	매워서
어렵다	어려워요	어려워서
돕다*	도와요	도와서

예 집이 학교에서 가까워요.
　　제 고향은 한국보다 더 더워요.
　　김치는 매워서 먹을 수 없었어요.
　　한국어 시험이 아주 어려웠어요.
　　저는 할머니와 할아버지를 자주 도와드려요.

6) 'ㅅ' 불규칙

받침 'ㅅ' + 모음 ➡ 받침 'ㅅ'이 탈락

구분		기본형	-아/어요	-으세요
ㅏ, ㅗ (O)	+ 아요	낫다	나아요	나으세요
ㅏ, ㅗ (X)	+ 어요	젓다	저어요	저으세요

예 이 약을 먹고 빨리 나으세요.
　　커피에 설탕과 우유를 넣고 저으세요.

7) 'ㅎ' 불규칙

① 받침 'ㅎ' + 'ㄴ, ㄹ, ㅁ, ㅂ' ➡ 받침 'ㅎ'이 탈락
② 받침 'ㅎ' + '-아/어요' ➡ 받침 'ㅎ'이 탈락되고, 'ㅣ'가 생김

*는 예외

기본형	-(으)ㄴ	-아/어요
빨갛다	빨간	빨개요
하얗다	하얀	하얘요
파랗다	파란	파래요
어떻다	어떤	어때요
그렇다	그런	그래요
좋다*	좋은	좋아요
넣다*	넣은	넣어요

예 그 사람을 만나면 얼굴이 빨개진다.
눈이 오니까 온 세상이 하얘요.
파란 하늘이 아주 예뻐요.
고향 방문은 어땠어요?
어제 날씨가 흐리더니 오늘도 그래요.
오늘 좋은 일이 생길 것 같아요.
가방에 더 넣을 물건이 있어요?

유형별 연습 문제

유형 01 다음 질문에 답하시오.

01 이 사람들은 지금 뭐 해요?

① 자요
② 가요
③ 일해요
④ 운동해요

02 이 사람들은 지금 뭐 해요?

① 옷을 사요
② 요리를 해요
③ 이야기를 해요
④ 빵을 만들어요

정답 01 ④   02 ③

유형 02 다음 질문에 답하시오.

01 지금은 몇 시예요?

① 열두 시 사십오 분이에요.
② 열한 시 사십오 분이에요.
③ 열두 시 삼십오 분이에요.
④ 열한 시 삼십오 분이에요.

02 책은 어디에 있어요?

① 책상 위에 있어요.
② 책상 앞에 있어요.
③ 책상 옆에 있어요.
④ 책상 아래에 있어요.

정답 01 ①　02 ①

유형 03 다음 ( )에 들어갈 가장 알맞은 것을 고르시오.

01

가: 저 사람은 안젤라 씨의 언니예요?
나: 아니요, 저 사람은 안젤라 씨의 ( )이에요/예요. 안젤라 씨보다 두 살 적어요.

① 누나
② 여동생
③ 할머니
④ 어머니

02

가: 이가 아파요.
나: 그럼, ( )에 가세요.

① 안과
② 치과
③ 정형외과
④ 이비인후과

정답 01 ② 02 ②

유형 04 다음 (　)에 들어갈 가장 알맞은 것을 고르시오.

01

> 가: 교실에 컴퓨터가 있어요?
> 나: 네, 컴퓨터가 두 (　　　) 있어요.

① 대
② 명
③ 잔
④ 장

02

> 가: 여기요, 커피 두 잔하고 케이크 두 (　　　) 주세요.
> 나: 네, 잠깐만 기다리세요.

① 장
② 권
③ 조각
④ 마리

정답　01 ①　02 ③

유형 05 다음 ( )에 들어갈 가장 알맞은 것을 고르시오.

01

안젤라 씨는 어제 식당( ) 밥을 먹었어요.

① 은
② 에
③ 에서
④ 으로

02

저는 9시( ) 6시까지 일해요.

① 까지
② 부터
③ 에게
④ 보다

정답 01 ③ 02 ②

유형 06 다음 ( )에 들어갈 가장 알맞은 것을 고르시오.

01

| 저는 사과를 좋아해요. 그리고 포도( ) 좋아해요. |

① 을
② 가
③ 에
④ 도

02

| 커피를 ( ) 영화를 본 후 집에 갈 거예요. |

① 마시고
② 마시러
③ 마시지만
④ 마시는데

정답 01 ④   02 ①

유형 07 다음 (   )에 들어갈 가장 알맞은 것을 고르시오.

01

가: 감기에 걸렸어요. 어떻게 하는 것이 좋아요?
나: 감기에 걸리면 약을 먹고 집에서 푹 (   ) 좋아요.

① 쉬고
② 쉬어서
③ 쉬지만
④ 쉬는 것이

02

가: 요즘 날씨가 덥지요?
나: 낮에는 (   ) 저녁에는 쌀쌀해요.

① 더우러
② 더운데
③ 더워서
④ 더웠고

정답 01 ④   02 ②

유형 08 다음 ( )에 들어갈 가장 알맞은 것을 고르시오.

01

가: 오늘 리키 생일이에요?
나: 아니요, 오늘은 (　　　). 리키 생일은 내일이에요.

① 생일이에요
② 생일이었어요
③ 생일일 거예요
④ 생일이 아니에요

02

가: 어제 야근을 해서 많이 (　　　).
나: 그래요? 그럼, 오늘은 푹 쉬세요.

① 힘드세요
② 힘들었어요
③ 힘들고 싶어요
④ 힘들지 마세요

정답　01 ④　02 ②

유형 09 다음 (   )에 들어갈 가장 알맞은 것을 고르시오.

01

> 가: 내일 같이 점심을 (   )?
> 나: 미안해요. 내일은 다른 약속이 있어요. 다음 주에 같이 저녁을 먹어요.

① 먹네요
② 먹을까요
③ 먹지 마세요
④ 먹고 싶어요

02

> 가: 내일 약속이 9시가 (   )?
> 나: 네, 맞아요.

① 맞지요
② 맞네요
③ 맞았어요
④ 맞을 거예요

정답 01 ②   02 ①

유형 10 다음 ( )에 들어갈 가장 알맞은 것을 고르시오.

01

> 가: 도서관에서 음식을 (　　　).
> 나: 몰랐어요. 죄송합니다.

① 먹어요
② 먹으세요
③ 먹을까요
④ 먹지 마세요

02

> 가: 내일 뭐 할 거예요?
> 나: 친구들과 같이 놀이공원에 (　　　).

① 갔어요
② 갔지요
③ 가 주세요
④ 갈 거예요

정답　01 ④　02 ④

유형 11 다음을 읽고 (   )에 들어갈 가장 알맞은 것을 고르시오.

01

저는 오늘 영화관에 가요. 영화관에서 영화를 봐요. 특히 한국 영화를 아주 좋아해요. 한국 영화는 아주 (   ).

① 쉬워요
② 어려워요
③ 재미있어요
④ 재미없어요

02

저는 기숙사에 살아요. 제 방은 2층에 있어요. 방에는 책상하고 컴퓨터가 있어요. 그런데 (   ). 세탁기는 3층에 있어요. 그래서 저는 보통 주말에 빨래를 해요.

① 책이 많아요
② 매일 공부해요
③ 의자가 있어요
④ 세탁기는 없어요

정답 01 ③   02 ④

유형 12 다음을 읽고 ( )에 들어갈 가장 알맞은 것을 고르시오.

01

지난주 토요일에 후엔 씨의 가족은 동물원과 놀이공원에 갔습니다. 후엔 씨의 딸 슬기가 동물을 좋아해서 동물원을 먼저 구경했습니다. 다음으로 놀이기구를 타러 놀이공원에 갔습니다. 그런데 후엔 씨는 놀이기구를 안 좋아해서 남편과 딸만 (　　　　). 그리고 저녁 7시 30분부터는 불꽃놀이가 있었습니다. 불꽃놀이는 정말 멋있었습니다.

① 집에 갔습니다
② 동물을 봤습니다
③ 불꽃놀이를 봤습니다
④ 놀이기구를 탔습니다

02

여러분, 안녕하세요? 지난주 수요일은 우리 반 친구 이링 씨의 생일이었어요. 그런데 그날은 한국어 시험이 있어서 (　　　　). 그래서 이번 주 금요일 수업 후에 교실에서 파티를 할 거예요. 누가 못 와요? 알려 주세요.

① 공부를 못 했어요
② 파티를 못 했어요
③ 노래를 못 불렀어요
④ 이링 씨가 못 왔어요

정답 01 ④　02 ②

유형 13 다음을 읽고 ( )에 들어갈 가장 알맞은 것을 고르시오.

01

우리 가족은 할머니, 부모님, 남동생과 제가 있습니다. 할머니께서는 연세가 많지만 아주 건강하십니다. 할머니는 요리사이십니다. 그래서 (　　　). 부모님은 모두 선생님이십니다. 그리고 남동생은 대학생입니다.

① 아버지는 안 계십니다
② 가족은 다섯 명입니다
③ 음식을 잘 만드십니다
④ 지금 방에서 주무십니다

02

어제는 5월 15일 스승의 날이었습니다. 한국어 수업 시간에 우리는 선생님께 노래를 불러 드렸습니다. 그리고 우리는 "선생님, (　　　)."라고 말했습니다. 그때 우리 반 반장이 선생님께 꽃을 드렸습니다. 선생님께서 아주 좋아하셨습니다.

① 안녕하세요
② 감사합니다
③ 죄송합니다
④ 반갑습니다

정답 01 ③　02 ②

유형 14 다음 질문에 답하시오.

01 다음 광고의 내용과 다른 것은?

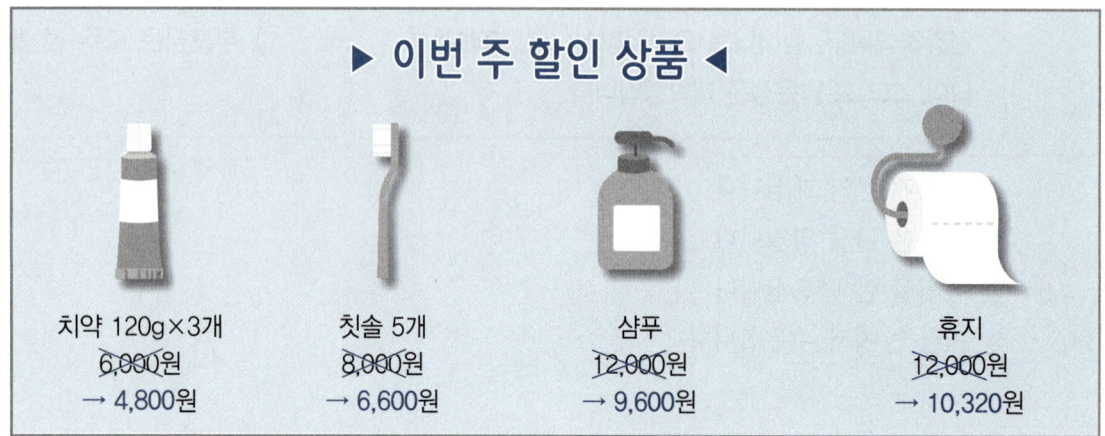

① 치약은 할인을 하고 있습니다.
② 칫솔은 다섯 개에 6,600원입니다.
③ 샴푸는 세 병에 12,000원입니다.
④ 휴지의 할인 전 가격은 12,000원입니다.

02 내일은 무슨 요일입니까?

일요일	월요일	?	?	?	?	토요일
	1	2	3	4	5	6
7	8	9	⑩ 오늘	11	12	13
14	15	16	17	18	19	20
21	22	23	24	25	26	27
28	29	30	31			

① 금요일
② 목요일
③ 수요일
④ 화요일

정답 01 ③   02 ②

유형 15 다음 질문에 답하시오.

01 다음 내용과 같은 것은?

> 안녕하세요? 저는 프랑스 사람입니다. 저는 작년 10월에 한국에 왔습니다. 그때 한국의 날씨는 맑았지만 조금 쌀쌀한 가을이었습니다. 지금 한국은 여름입니다. 한국의 여름은 프랑스보다 더 덥습니다. 그래서 한국에서는 더운 여름에 시원한 바다나 산으로 휴가를 많이 갑니다. 그래서 저도 다음 주말에 친구들과 바다에 놀러 갈 겁니다.

① 지금 한국은 가을입니다.
② 오늘 날씨는 쌀쌀합니다.
③ 지금 프랑스는 한국보다 덥습니다.
④ 다음 주 토요일부터 일요일까지 바다에서 놀 겁니다.

02 다음 내용과 같은 것은?

> 저는 보통 7시에 일어납니다. 그런데 주말에는 8시에 일어납니다. 토요일은 8시부터 9시까지 청소와 빨래를 합니다. 그리고 오후에는 문화 센터에 갑니다. 문화 센터에서 1시부터 4시까지 테니스를 배웁니다. 일요일은 집에서 쉽니다. 집에서 텔레비전을 봅니다. 그리고 밤에는 가족들하고 전화를 합니다.

① 일요일에는 7시까지 잡니다.
② 토요일에는 테니스를 가르칩니다.
③ 토요일에는 문화 센터에 다닙니다.
④ 일요일에는 영화관에서 영화를 봅니다.

정답 01 ④   02 ③

유형 16 다음 질문에 답하시오.

01 다음 주에 할 일이 <u>아닌</u> 것은?

> 저는 다음 주에 제주도에 갈 겁니다. 제주도에는 대한민국에서 가장 높은 산인 한라산이 있습니다. 한라산에서 등산도 하고 캠핑도 할 겁니다. 그리고 저는 수영을 못 하지만 바다에도 갈 겁니다. 바다에서 낚시도 할 겁니다. 정말 재미있을 것 같습니다.

① 캠핑할 거예요.
② 수영할 거예요.
③ 산에 갈 거예요.
④ 낚시를 할 거예요.

02 다음 내용과 <u>다른</u> 것은?

> 어제는 제 졸업식이었습니다. 가족과 친구들이 저의 졸업을 축하해 주러 왔습니다. 어머니께서 저에게 꽃하고 시계를 선물해 주셨습니다. 그리고 동생은 제 사진을 찍어 주었습니다. 졸업식이 끝나고 우리 가족은 중국 식당에 갔습니다. 아버지께서 짜장면과 탕수육을 사 주셨습니다. 정말 맛있었습니다.

① 동생은 사진을 찍어 주었습니다.
② 아버지는 짜장면과 탕수육을 만들어 주셨습니다.
③ 어머니는 선물로 저에게 꽃과 시계를 주셨습니다.
④ 아버지, 어머니, 동생, 친구들이 졸업을 축하해 주었습니다.

정답 01 ②   02 ②

유형 17 다음 질문에 답하시오.

01 잘못한 일에 대해 사과할 때 하는 말은?

① 감사합니다.
② 죄송합니다.
③ 반갑습니다.
④ 고맙습니다.

02 다른 사람과 헤어질 때 하는 인사말은?

① 반갑습니다.
② 안녕하세요.
③ 안녕히 가세요.
④ 처음 뵙겠습니다.

정답 01 ② 02 ③

유형 18 다음 질문에 답하시오.

01 한국인의 휴식 공간이 <u>아닌</u> 것은?

① 쉼터
② 둘레길
③ 정류장
④ 시민 공원

02 한국 지폐의 종류가 <u>아닌</u> 것은?

① 500원
② 1,000원
③ 5,000원
④ 50,000원

| 정답 | 01 ③ | 02 ① |

유형 19 다음 질문에 답하시오.

01 기념일과 날짜의 연결이 맞지 <u>않는</u> 것은?

① 어린이날: 5월 5일
② 어버이날: 5월 8일
③ 성년의 날: 5월 10일
④ 스승의 날: 5월 15일

02 헌법을 제정하고 공포한 것을 기념하는 날은?

① 삼일절
② 제헌절
③ 개천절
④ 광복절

정답 01 ③ 02 ②

유형 20 다음 질문에 답하시오.

01 다음 중 인기 있는 서울의 관광지는?

① 한라산
② 경복궁
③ 불국사
④ 죽녹원

02 한국의 병원 중 3차 병원은?

① 보건소
② 한방 병원
③ 종합 병원
④ 상급 종합 병원

정답 01 ②   02 ④

2단계 학습 포인트

1 어휘

주제	주요 어휘
고향	호수, 벚꽃, 한강, 절(사원), 박물관, 건물, 야경, 교통, 오래되다, 관광지, 섬, 높다, 많다, 복잡하다, 아름답다, 편리하다, 한적하다, 깨끗하다, 조용하다, 낮다 **문화와 정보** '한국의 도시'와 관련된 어휘 한국의 수도(서울), 항구 도시(부산), 호수의 도시(춘천), 역사의 도시(경주), 맛의 도시(전주), 공업 도시(울산), 교육의 도시(청주)
집안일	다림질, 손빨래, 설거지, 걸레질, 음식물 쓰레기, 빨래, 청소하다, 빨래하다, 요리하다, 정리하다, 치우다, 쓸다, 닦다, (청소기를, 세탁기를) 돌리다, 쓰레기, 버리다, 널다, 개다 **문화와 정보** '쓰레기 분리수거'와 관련된 어휘 분리수거, 일반 쓰레기, 종량제 봉투, 음식물 쓰레기 종량기
물건 사기	모자, 헬멧, 안전모, 안경, 선글라스, 운동화, 샌들, 구두, 부츠, 슬리퍼, 작업화, 치수, 티셔츠, 청바지, 셔츠, 치마, 블라우스, 원피스, 코트, 점퍼, 바지, 조끼, 스카프, 귀걸이, 목도리, 목걸이, 길이, 작업복, 주머니, 쓰다, 신다, 잘 맞다, 굽이 높다, 입다, 하다/두르다, 짧다, 길다, 편하다, (마음에) 들다, 시원하다 **문화와 정보** '서울의 전통시장'과 관련된 어휘 남대문시장, 광장시장, 경동시장, 통인시장
전화	문자, 국제 전화, 영상통화, 통화 중, 매너 모드, 진동, 배터리, 답장, 전화번호, 전화를 걸다, 전화를 받다, 전화를 끊다, 전화를 바꾸다, 잘못 걸다, 오다, 지우다, 여보세요 **문화와 정보** '스마트폰 앱(App)'과 관련된 어휘 스마트폰, 앱(App), 채팅, 유용하다, 입력되다
약국	열, 콧물, 머리, 기침, 이(치아), 배, 설사, 해열제, 두통약, 감기약, 소화제, 파스, 밴드, 소독약, 연고, 용법, 회, 분, 식전, 식후, 댓글, 나다, 아프다, 붓다, 다치다, 붙이다, 바르다 **문화와 정보** '휴일지킴이 약국'과 관련된 어휘 휴일, 홈페이지, 약 정보, 접속하다, 찾다, 필요하다
기분과 감정	(기분이) 좋다, 기쁘다, 행복하다, 신나다, 반갑다, 즐겁다, (기분이) 안 좋다, 슬프다, 외롭다, 화가 나다, 걱정되다, 짜증나다, 답답하다 **문화와 정보** '이모티콘'과 관련된 어휘 이모티콘(그림말), 기분, 감정, 전하다

초대와 방문	집들이, 손님, 음식, 선물, 돌잔치, 장난감, 금반지, 연락, 약속 시간, 노크, 인사, 명함, 방학, 개학, 답장, 맞이하다, 차리다, 대접하다, 나누다, 건네다	
	문화와 정보 '집들이 선물'과 관련된 어휘 휴지, 세제, 생활용품, 거품, 잘 풀리다	
한국어 수업	과정명, 강사, 신청, 기간, 시간, 인원, 정원, 요일, 인정, 단계, 이수, 출석, 평가, 합격, 불합격, 재응시, 재수료, 승급	
	문화와 정보 '사회통합프로그램'과 관련된 어휘 이민자, 적응, 한국어와 한국 문화, 한국 사회 이해, 국적, 취득, 필기시험, 교육 기관, 참가, 기회	
외식	재료, 국물, 조미료, 양, 밑반찬, 맛집, 자리, 분위기, 서비스, 칸막이, 신선하다, 시원하다, 달다, 쓰다, 시다, 짜다, 매콤하다, 짭짤하다, 싱겁다, 달콤하다, 새콤하다, 줄을 서다	
	문화와 정보 '배달 앱(App)'과 관련된 어휘 메뉴, 배달 직원, 배달하다, 주문하다, 계산하다	
길 안내	육교, 신호등, 횡단보도, 버스 정류장, 지하철역, 사거리, 맞은편, 쭉, 똑바로, 왼쪽, 오른쪽, 지하철, 버스, 교통 카드, 요금, 출구, 가다, 타다, 내리다, 갈아타다, 내다, 나가다	
	문화와 정보 '교통 표지판'과 관련된 어휘 교통, 표지판, 모양, 색깔, 이미지, 글자, 금지, 주의하다, 가능하다	
명절	명절, 고향, 친척, 가족, 안부, 성묘, 차례, 윷놀이, 연날리기, 제기차기, 설날(음력 1월 1일), 세배, 떡국, 추석(음력 8월 15일), 송편, 보름달, 소원, 덕담, 농사, 조상, 내려가다, 모이다, 묻다, 지내다, 빚다, 빌다	
	문화와 정보 '한국의 명절'과 관련된 어휘 정월 대보름(음력 1월 15일), 오곡밥, 부럼, 한식(양력 4월 5일 또는 6일경), 단오(음력 5월 5일), 풍년, 동지(양력 12월 22일 또는 23일경), 팥죽	
실수와 경험	반말, 잘못, 노약자석, 단말기, 환승, 하차, 잔액, 동료, 당황하다, 창피하다, 무섭다, 속상하다, 우울하다, 그립다, 못 알아듣다, 대다	
	문화와 정보 '한국의 우리 문화'와 관련된 어휘 우리, 공동체, 속하다	
우체국과 은행	편지, 택배, 소포, 등기, 국제 특급 우편(EMS), 주소, 우표, 우편 번호, 편지 봉투, 현금 자동 인출기(ATM), 카드(신용 카드, 체크카드), 공과금, 우편, 은행, 금융, 예금, 보험, 업무 시간, 보내다, 계좌를 개설하다(통장을 만들다), 입금하다(돈을 넣다), 출금하다(돈을 찾다), 환전하다(돈을 바꾸다), 납부하다, 송금하다(돈을 보내다)	
	문화와 정보 '주소'와 관련된 어휘 도로명 주소, 도시 이름, 건물 번호, 표기하다	

공공 기관	구청, 행정복지센터(주민 센터), 주소 변경 신고(전입신고), 출생 신고, 혼인 신고, 증명서, 보건소, 건강 검진, 예방 주사, 진단서, 주민등록증, 외국인등록증, 영주권, 국적 취득, 귀화, 외국인 등록, 재발급, 체류 기간, 체류 자격 변경, 근무처, 체류지, 발급 일자, 유효 기간, 사업자 등록 번호, 서명, 연장하다 **문화와 정보** '출입국•외국인청(사무소)'과 관련된 어휘 비자 연장 신청, 사전 예약, 방문, 하이코리아
직장 생활	서류, 명함, 사원증, 복사기, 프린터, 출근부, 안전모, 안전화, 기계, 공구, 팩스, 계약서, 작성하다, 번역하다, 출력하다, 복사하다 **문화와 정보** '한국 회사의 직위'와 관련된 어휘 직위, 사장, 부사장, 전무, 상무, 이사, 부장, 차장, 과장, 대리, 사원, 능력, 승진, 입사하다, 인정받다
행사(축제)	포스터, 축제, 대상, 참가비, 준비물, 공연, 체험, 신청, 주최, 후원, 게시판, 모임, 회원, 채용 공고, 노래, 퀴즈, 대회, 모집하다, 뽑다, 개최하다, 거주하다, 참여하다 **문화와 정보** '세계인의 날'과 관련된 어휘 세계인의 날(5월 20일), 공모전, 어울리다, 소통하다
건강	꾸준히, 편식, 거의, 안색, 힘(기운), 입맛, 열, 소화, 몸살, 불면증, 피로 회복, 충분하다, 골고루, 규칙적이다, 불규칙하다, 부족하다, 심하다, 어지럽다, 얼굴에 뭐가 나다 **문화와 정보** 한국의 '민간요법'과 관련된 어휘 민간요법, 병, 약손, 효과, 근거, 고치다, 쓸어 주다, 입증되다
문화생활	요가, 웰빙 댄스, 천연 비누, 도자기, 자격증, 어학, 미용, 바리스타, 노래, 음악, 요리, 인터넷, 프로그램, 시간, 홈페이지, 회원 가입, 수강 신청, 수강료, 수강생, 재료비, 교재비, 팸플릿, 선착순, 강좌, 접수, 알아보다, 선택하다, 결제하다 **문화와 정보** '문화가 있는 날'과 관련된 어휘 문화가 있는 날(매달 마지막 주 수요일), 문화 시설, 특색

2 문법

문법 표현	의미	예문
(이)라고 하다	다른 사람의 말이나 글을 그대로 가져올 때 사용한다.	• 한국의 전통 옷을 한복이라고 해요. • 저는 프랑스에서 온 아나이스라고 합니다.
-(으)ㄴ/는	형용사 뒤에 붙어 현재의 상태를 나타낸다.	• 이 가게에는 예쁜 옷이 많아요. • 시장에는 싸고 맛있는 음식이 많아요.
-(으)ㄹ게요	어떤 행동을 할 것을 상대방에게 약속하거나 의지를 나타낼 때 사용한다.	• 밥은 나중에 먹을게요. • 죄송합니다. 다음부터 일찍 올게요.
-(으)ㄴ 다음에	앞에 오는 말의 과정이 끝난 뒤를 나타낼 때 사용한다.	• 손을 씻은 다음에 밥을 먹어요. • 조금 쉰 다음에 숙제를 할 거예요.
(이)나	두 가지 이상의 사물 중 하나만 선택할 때 사용한다.	• 저는 부산이나 제주도로 여행을 가고 싶어요. • 저는 운동화나 가방을 선물로 받고 싶어요.
-아/어/해 보다	앞에 오는 말이 나타내는 행동을 시험 삼아 해 보거나 이전에 경험했음을 나타낼 때 사용한다.	• 저는 작년 여름에 제주도에 가 봤어요. • 한국에서 등산을 해 봤어요?
-(으)ㄹ 수 있다/없다	어떤 일을 할 수 있는 능력이 있거나(또는 없거나) 어떤 행동이나 상태가 가능함을 나타낼 때 사용한다.	• 저는 지금 전화를 받을 수 없어요. • 저는 한국 음식을 만들 수 있어요.
-아/어/해 (반말)	어떤 사실을 말하거나 명령, 권유를 나타낼 때 사용한다.	• 여기에 앉아. • 방학에 뭐 해?
-(으)면	❶ 불확실한 사실을 가정하여 말할 때 사용한다. ❷ 앞에 오는 내용이 뒤에 오는 내용의 조건이 될 때 사용한다.	• 돈이 많으면 고향에 집을 사고 싶어요. • 계속 기침하면 따뜻한 차를 마셔 보세요.
-아/어/해서	앞에 오는 내용과 뒤에 오는 내용이 순서대로 일어날 때 사용한다.	• 저는 주말에 친구를 만나서 같이 영화를 볼 거예요. • 외투는 벗어서 옷걸이에 걸어 주세요.
-겠-	미래의 일이나 추측을 나타낼 때 사용한다.	• 내일 비가 오니까 날씨가 춥겠어요. • 어제 늦게까지 일해서 많이 피곤하겠어요.
-(으)ㄹ 때	어떤 행동이나 상황이 일어나는 동안이나 시기를 나타낼 때 사용한다.	• 가족들과 맛있는 음식을 먹을 때 행복해요. • 저는 몸이 아플 때 부모님이 생각나요.
-(으)ㄹ래요	자신의 의견을 나타내거나 상대방의 의견을 물어볼 때 사용한다.	• 저는 김밥을 먹을래요. • 우리 주말에 어디에서 만날래요?
-(으)니까	어떤 일의 이유나 원인을 말할 때 사용한다.	• 내일은 한국어 수업이 있으니까 주말에 만나요. • 오늘은 날씨가 더우니까 얇은 옷을 입으세요.
-기 전에	뒤에 오는 말이 나타내는 행동이 앞에 오는 말이 나타내는 행동보다 먼저 일어날 때 사용한다.	• 밥을 먹기 전에 손을 씻으세요. • 서울로 이사를 가기 전에 제주도에서 마지막 명절을 보냈다.

문법	설명	예문
-기로 하다	어떤 행동을 할 것을 결심하거나 약속할 때 사용한다.	• 이번 주 토요일에는 친구와 영화를 보기로 했어요. • 다음 주에 동생과 여행을 가기로 했어요.
-(으)ㄹ 것 같다	어떤 일에 대한 추측을 나타낼 때 사용한다.	• 그 식당은 맛집이라 점심에는 자리가 없을 것 같아요. • 하늘이 흐려요. 곧 비가 올 것 같아요.
-는	어떤 일이나 동작이 현재 일어날 때 사용한다.	• 저쪽은 손을 씻는 곳이에요. • 제가 좋아하는 음식은 비빔밥이에요.
-(으)ㄴ/는데	뒤에 오는 말을 하려고 그 대상과 관련이 있는 상황을 미리 말할 때 사용한다.	• 날씨가 좋은데 같이 운동할까요? • 배가 고픈데 우리 밥 먹으러 가요.
-기 때문에	어떤 일의 이유나 원인을 나타낼 때 사용한다.	• 그 식당은 음식이 맛있기 때문에 항상 손님이 많다. • 불은 위험하기 때문에 항상 조심하는 게 좋아요.
-게	어떤 일의 목적이나 결과, 방법, 정도 등을 나타낼 때 사용한다.	• 지난 추석에는 고향 친구들과 만나서 재미있게 놀았어요. • 더러운 방을 깨끗하게 청소했다.
-(으)면서	두 가지 이상의 동작이나 상태가 동시에 일어날 때 사용한다.	• 저는 음악을 들으면서 청소하는 것을 좋아해요. • 저는 빨래를 개면서 텔레비전을 봐요.
-(으)ㄴ 적이 있다/없다	앞에 나오는 동작이 일어나거나(또는 일어나지 않거나) 그 상태가 나타난 때가 있음(또는 없음)을 나타낼 때 사용한다.	• 저는 삼계탕을 먹은 적이 있어요. • 저는 윗사람에게 반말을 한 적이 없어요.
-(으)ㄴ/는 편이다	대체로 어떤 쪽에 가깝다거나 속한다고 말할 때 사용한다.	• 우리 반은 학생이 많은 편이에요. • 저는 키가 큰 편이에요.
-(으)려고 하다	어떤 행동을 할 의도나 의향이 있을 때 사용한다.	• 저는 주말에 한국어 수업을 들으려고 해요. • 선생님께 이메일을 보내려고 해요.
-아/어/해야 되다	반드시 그럴 필요나 의무가 있을 때 사용한다.	• 학교에 몇 시까지 가야 돼요? • 통장을 만들려면 신분증이 있어야 돼요.
-아/어/해도 되다	어떤 행동에 대한 허락이나 허용을 나타낼 때 사용한다.	• 여기서 사진을 찍어도 돼요. • 출생 신고를 남편이 해도 돼요?
-(으)려면	어떤 행동을 할 의도가 있는 경우를 가정할 때 사용한다.	• 감기에 걸리지 않으려면 손을 자주 씻어야 돼요. • 건강을 지키려면 운동을 꾸준히 해야 돼요.
-고 있다	행동이 계속 진행되고 있을 때 사용한다.	• 무역 회사에서 번역 일을 하고 있어요. • 라민 씨는 지금 시험을 보고 있어요.
-(으)ㄴ	뒤에 오는 명사를 수식하며 과거에 일어난 동작을 말할 때 사용한다.	• 이건 부산에 갔을 때 찍은 사진이에요. • 제가 주말에 만난 사람은 히에우 씨예요.
-(으)ㄹ	추측, 예정, 의지, 가능성을 나타낼 때 사용한다.	• 생일 파티에 친구를 초대해서 함께 먹을 음식은 고향 음식이에요. • 고향에 갈 때 가족에게 줄 선물은 건강식품이에요.

–거든요	말하는 사람이 생각한 이유나 원인을 나타낼 때 사용한다.	• 오늘 저는 학교에 못 가요. 고향에서 부모님이 오시거든요. • 오늘은 지각하면 안 돼요. 제가 발표를 하거든요.
–(으)면 좋겠다	희망이나 소망을 말할 때 사용한다.	• 비자를 연장할 수 있으면 좋겠어요. • 시험에 꼭 합격하면 좋겠어요.
에	앞에 나오는 내용이 무엇의 목적이나 목표임을 나타낼 때 사용한다.	• 비타민C는 피로 회복에 좋아요. • 짠 음식은 건강에 좋지 않아요.
–는 게 어때요?	권유하거나 조언을 할 때 사용한다.	• 오늘 날씨가 좋은데 같이 산책하는 게 어때요? • 지영 씨에게 가 보는 게 어때요?
–아/어/해 보이다	겉으로 볼 때 앞에 나오는 내용이 나타내는 것처럼 느껴지거나 추측될 때 사용한다.	• 음식이 아주 맛있어 보여요. • 요즘 피곤해 보여요.

유형별 연습 문제

유형 01 다음 (   )에 들어갈 가장 알맞은 것을 고르시오.

01

구두의 (   )가 좀 작아서 불편해요.

① 길이
② 치수
③ 넓이
④ 높이

02

이 행사의 참가 (   )은 한국에 살고 있는 외국인입니다.

① 대상
② 기념
③ 신청
④ 과정

정답 01 ② 02 ①

유형 02 다음 ( )에 들어갈 가장 알맞은 것을 고르시오.

01

베트남의 수도 하노이는 복잡합니다. (　　　) 오토바이가 많아서 더 복잡합니다.

① 거의
② 벌써
③ 아직
④ 특히

02

(　　　) 무슨 일이 있어요? 안색이 안 좋아요.

① 혹시
② 가장
③ 자주
④ 보통

정답 01 ④　02 ①

유형 03 다음 ( )에 들어갈 가장 알맞은 것을 고르시오.

01 주말이라서 길이 많이 막혀요. 그래서 (   ).

① 반가워요
② 걱정해요
③ 짜증나요
④ 즐거워요

02 가족들이 너무 (   ) 방학이 되면 고향으로 갈 거예요.

① 우울해서
② 속상해서
③ 무서워서
④ 그리워서

정답 01 ③   02 ④

유형 04 다음 (   )에 들어갈 가장 알맞은 것을 고르시오.

01

> 버스를 타면 단말기에 카드를 (   ).

① 줘요
② 대요
③ 내요
④ 봐요

02

> 요즘 은행에서도 공과금을 (   ) 수 있어요.

① 출금할
② 인출할
③ 납부할
④ 개설할

정답 01 ②   02 ③

유형 05 다음 (   )에 들어갈 가장 알맞은 것을 고르시오.

01

가: 과장님 뭘 찾으세요?
나: 아까 사무실에 (   ) 택배는 어디에 있어요?

① 도착할
② 도착한
③ 도착하는
④ 도착했을

02

가: 어떤 음식을 좋아해요?
나: 제가 (   ) 음식은 불고기예요.

① 좋아할
② 좋아한
③ 좋아하는
④ 좋아했을

정답 01 ②   02 ③

유형 06 다음 (   )에 들어갈 가장 알맞은 것을 고르시오.

01

> 가: 지금 집에 갈 거예요?
> 나: 아니요, (   ) 집에 갈 거예요.

① 숙제나
② 숙제여서
③ 숙제라고 하고
④ 숙제한 다음에

02

> 가: 새로 사귄 한국 친구는 어때요?
> 나: 좋아요. 제가 (   ) 저를 많이 도와주는 친구예요.

① 힘든
② 힘들 때
③ 힘들어서
④ 힘들기 전에

정답   01 ④   02 ②

유형 07 다음 ( )에 들어갈 가장 알맞은 것을 고르시오.

01
가: 축하 파티를 언제 할까요?
나: 토요일에 한국어 수업이 (　　　) 일요일에 해요.

① 있을 때
② 있으니까
③ 있으려면
④ 있은 다음에

02
가: 비자 연장 신청은 어떻게 해요?
나: 비자 연장 신청을 (　　　) 먼저 출입국·외국인청에 방문 예약을 해야 돼요.

① 하려면
② 하려고
③ 하면서
④ 하지만

정답 01 ② 02 ①

유형 08 다음 밑줄 친 부분이 틀린 것을 고르시오.

01
① 제 친구가 요리와 빨래를 <u>할게요</u>.
② 생일에 모자나 가방을 <u>받고 싶어요</u>.
③ 안녕하세요? 저는 <u>박슬기라고 해요</u>.
④ 오늘 눈이 와서 길이 <u>미끄럽겠어요</u>.

02
① 단계 평가에 <u>합격하면 좋겠어요</u>.
② 이번 방학 때 부산에 <u>가 보는 게 어때요</u>?
③ 굴은 비타민이 많아서 <u>피로 회복이 좋아요</u>.
④ 저는 백화점에서 물건을 <u>판매하고 있어요</u>.

정답 01 ①   02 ③

유형 09 다음 밑줄 친 부분이 틀린 것을 고르시오.

01
① 피곤해서 오늘은 집에서 <u>쉬려고 해요</u>.
② 오랜만에 가족들하고 전주에 <u>가려고 해요</u>.
③ 주말에는 시내에 가서 옷을 좀 <u>살려고 해요</u>.
④ 오늘부터 저녁에 공원에서 운동을 <u>하려고 해요</u>.

02
① 저는 아침을 거의 <u>안 먹은 편이에요</u>.
② 저희 집은 센터에서 <u>가까운 편이에요</u>.
③ 저 식당은 음식 값이 다른 가게들보다 <u>비싼 편이에요</u>.
④ 요즘 아버님이 편찮으셔서 자주 연락을 <u>드리는 편이에요</u>.

정답 01 ③   02 ①

유형 10 다음 밑줄 친 부분이 **틀린** 것을 고르시오.

01
① 집이 아주 깨끗하고 넓어 보여요.
② 라흐만 씨는 오늘 기분이 좋아 보여요.
③ 오늘은 어제보다 날씨가 더 덥어 보여요.
④ 머리를 짧게 자르니까 더 멋있어 보여요.

02
① 길이 막혀서 수업에 늦을 것 같아요.
② 분홍색 셔츠가 잘 어울린 것 같아요.
③ 구름이 많이 껴서 곧 비가 올 것 같아요.
④ 이번 여름에는 바빠서 고향에 못 갈 것 같아요.

정답 01 ③ 02 ②

유형 11 다음을 읽고 ( )에 들어갈 가장 알맞은 것을 고르시오.

01

과거 통일 신라의 수도였던 경주는 역사의 도시로 유명합니다. 경주에는 큰 박물관과 왕의 무덤이 많이 있습니다. 또 높은 건물이 없어서 경치가 좋고, 차도 많지 않아서 공기도 깨끗합니다. 그리고 유명한 장소가 모두 가까이 있어서 (   ).

① 택시를 타고 여행하면 좋습니다.
② 걸어서 구경하는 것이 좋습니다.
③ 자전거를 타는 것은 좋지 않습니다.
④ 혼자서 여행하는 것이 가장 좋습니다.

02

저는 후엔이라고 합니다. 지금 한국에서 살고 있습니다. 저에게는 착한 남편과 귀여운 딸이 있어서 한국 생활이 행복하지만 가끔 고향에 있는 가족이 보고 싶습니다. 그래서 저는 가족과 자주 영상 통화를 합니다. 직접 만날 수는 없지만 영상 통화로 (   ) 다행이라고 생각합니다.

① 선물을 보낼 수 있어서
② 국제 전화를 할 수 있어서
③ 가족의 얼굴을 볼 수 있어서
④ 문자 메시지를 주고받을 수 있어서

정답 01 ② 02 ③

유형 12 다음을 읽고 (   )에 들어갈 가장 알맞은 것을 고르시오.

01

집을 방문할 때 지켜야 할 예절

다른 사람의 집에 방문할 때 지켜야 할 몇 가지 방문 예절이 있습니다. 먼저, 다른 사람의 집에 방문할 때는 작은 선물을 준비하는 것이 좋습니다. 그리고 조금 일찍 출발해서 약속 시간에 (   ). 집에 들어갈 때는 신발을 벗고 들어갑니다. 벗은 신발은 잘 정리해야 합니다.

① 늦어도 괜찮습니다
② 노크를 하지 않습니다
③ 늦지 않게 도착합니다
④ 문 앞에서 기다려야 합니다

02

오늘은 친구하고 다음 달에 시작하는 한국어 수업을 신청할 겁니다. 친구는 2단계 평가에 합격해서 3단계 수업을 신청할 수 있습니다. 하지만 저는 출석 시간이 부족해서 (   ). 2단계를 이수해야 3단계로 승급할 수 있습니다.

① 2단계 시험을 다시 봐야 합니다
② 2단계 수업을 다시 들어야 합니다
③ 다음 달에 3단계 수업을 듣습니다
④ 친구는 3단계로 승급할 수 없습니다

정답 01 ③   02 ②

유형 13 다음을 읽고 ( )에 들어갈 가장 알맞은 것을 고르시오.

01

집 근처에 제가 자주 가는 냉면 집이 있습니다. 이 식당은 맛집으로 유명해서 사람이 많아 늘 줄을 서서 기다립니다. 이곳은 음식 맛도 좋지만 서비스도 좋습니다. 특히 ( ) 아이스크림을 서비스로 줍니다.

① 냉면을 먹기 전에는
② 음식값을 계산해 주고
③ 여러 사람이 같이 와도
④ 냉면을 다 먹은 후에는

02

추석은 한국의 대표적인 명절입니다. 이때 한국 사람들은 보통 고향에 내려갑니다. 고향에 가서 친척들을 만나면 서로 반갑게 ( ). 그리고 함께 송편을 빚어서 나누어 먹고 밤에는 보름달을 보면서 소원을 빕니다.

① 안부를 묻습니다
② 차례를 지냅니다
③ 세배와 성묘를 합니다
④ 전통 놀이를 배웁니다

정답 01 ④ 02 ①

유형 14 다음 질문에 답하시오.

01 어떤 내용의 초대장입니까?

① 돌잔치
② 집들이
③ 백일잔치
④ 환갑잔치

02 위 초대장의 내용과 <u>다른</u> 것은?

① 아기 이름은 김철수입니다.
② 아빠와 엄마만 참석해도 됩니다.
③ 토요일 오후 1시부터 파티를 할 겁니다.
④ 참석하는 사람들에게 선물을 줄 겁니다.

정답 01 ①   02 ②

유형 15 다음 질문에 답하시오.

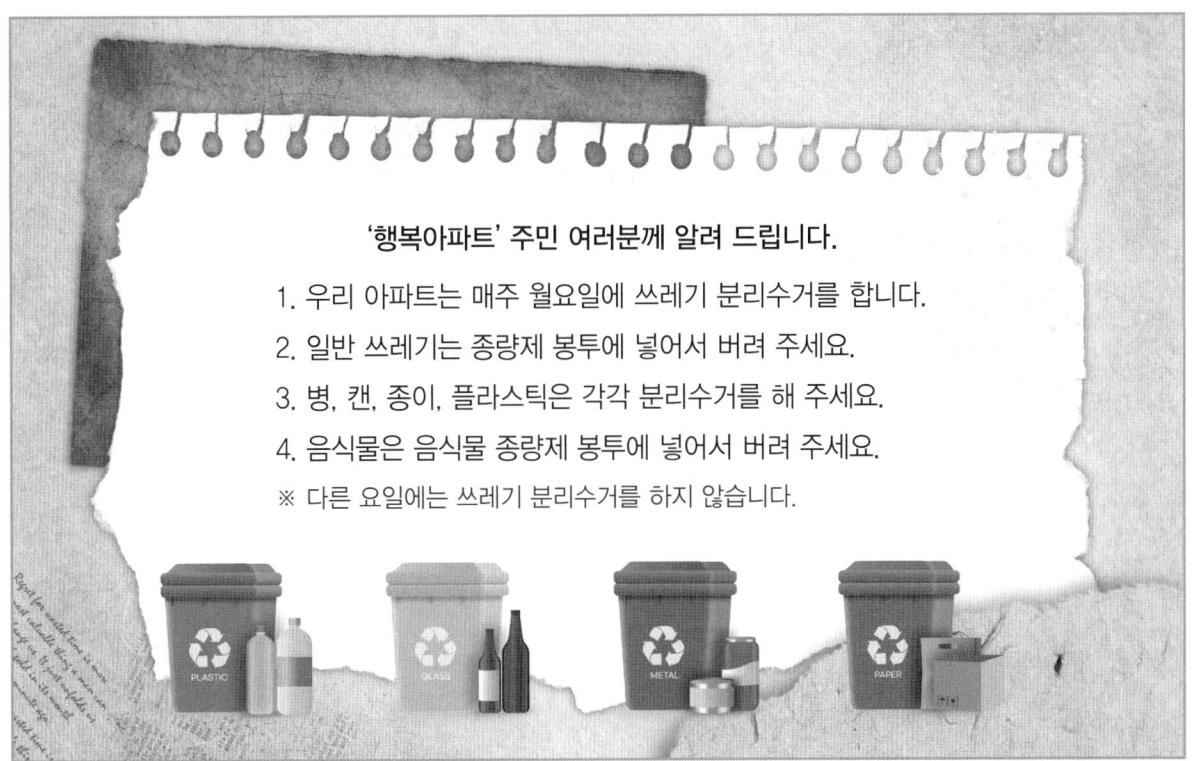

01 무엇에 대한 안내문입니까?

① 쓰레기 종류
② 쓰레기 분리수거 방법
③ 음식물 쓰레기 버리는 날
④ 쓰레기 종량제 봉투 소개

02 위 안내문의 내용과 다른 것은?

① 종이와 플라스틱은 따로 분리수거합니다.
② 모든 쓰레기는 종량제 봉투에 넣어서 버립니다.
③ 음식 쓰레기는 음식물 종량제 봉투에 넣어서 버립니다.
④ 이 아파트는 매주 월요일에 쓰레기 분리수거를 합니다.

정답 01 ② 02 ②

유형 16 다음 질문에 답하시오.

01 다음 글의 주제는?

> 며칠 전에 택시를 탔는데 제 한국어 발음이 정확하지 않아서 기사님이 다른 곳에 내려줘서 당황한 적이 있었습니다. 저는 '신촌'에 가려고 했는데 도착해 보니까 '신천'이었습니다. 아마 기사님이 '신촌'을 '신천'으로 잘못 들으신 것 같습니다.

① 번역
② 업무
③ 통역
④ 실수

02 다음 글의 제목은?

> 주민 센터 문화 강좌의 접수 기간은 매월 20일부터 시작이고, 수강 대상은 이 지역 주민이면 누구나 가능합니다. 각 강좌의 수강료는 5만 원이며, 재료비는 별도입니다. 접수는 방문이나 이메일로 받습니다.

① 강좌 시간 문의
② 주민 센터 소개
③ 문화 강좌 안내
④ 수강생 채용 공고

정답 01 ④   02 ③

유형 17 다음 질문에 답하시오.

01 한국의 명절 중에서 호두나 땅콩 같은 부럼을 깨어 먹는 날은?

① 설날
② 한식
③ 동지
④ 정월 대보름

02 서울에 있는 전통시장이 아닌 곳은?

① 국제시장
② 경동시장
③ 광장시장
④ 통인시장

정답 01 ④ 02 ①

유형 18 다음 질문에 답하시오.

01 분리수거함에 버리는 쓰레기가 아닌 것은?

① 깡통
② 종이
③ 음식물
④ 플라스틱

02 한국에서 가장 높은 산이 있는 곳은?

① 서울
② 전주
③ 경주
④ 제주

정답 01 ③ 02 ④

유형 19 다음 질문에 답하시오.

01 한국의 '우리' 문화에 대한 설명으로 옳은 것은?

① 현대에 생겨난 문화입니다.
② 나를 중요하게 생각합니다.
③ 내가 속한 공동체가 중요합니다.
④ '우리'는 말하는 사람을 의미합니다.

02 교통 표지판에 대한 설명으로 옳지 않은 것은?

① 모양만 봐도 의미를 알 수 있습니다.
② 사고를 예방하기 위해 만들어졌습니다.
③ 교통 표지판은 주의하라는 의미입니다.
④ 걸어 다니는 사람은 보지 않아도 됩니다.

정답 01 ③ 02 ④

유형 20 다음 질문에 답하시오.

01 집들이에 대한 설명으로 옳은 것은?

① 사람들은 집들이에 갈 때 생활용품을 선물합니다.
② 살던 집을 떠날 때 가족이나 친구 등을 초대합니다.
③ 세제는 거품이 많이 나와서 깨끗해지라는 뜻이 있습니다.
④ 휴지는 건강하게 오래오래 살기를 바라는 마음으로 선물합니다.

02 민간요법에 대한 설명으로 옳은 것은?

① 병원에서 병을 고치는 방법을 의미합니다.
② 콩나물국을 먹으면 아침에 잠을 잘 깹니다.
③ 어머니가 아이의 팔을 쓸어 주면 소화가 잘 됩니다.
④ 기침이 심할 때 배를 끓여서 먹으면 기침이 사라집니다.

정답 01 ①　02 ④

3단계 학습 포인트

1 어휘

주제	주요 어휘
대인 관계	상사, 부하 직원, 일하는 방법, 의도, 말다툼, 공감대가 없다, 사이가 멀어지다, 연락이 끊기다, 대하다, 지시를 거절하기 힘들다, 도움을 요청하다, 솔직하다, 예의를 지키다, 공감을 잘해 주다, 친구를 사귀다, 관심을 갖다, 편견을 갖고 있다, 생활 방식이 다르다, 대화를 이어 나가다, 답답하다 **문화와 정보** '한국의 친목 활동'과 관련된 어휘 동호회, 동창회, 친목, 모교, 정기적, 도모하다, 참석하다, 가입하다, 공유하다, 수집하다
성격	외향적이다, 내성적이다, 적극적이다, 소극적이다, 꼼꼼하다, 덜렁거리다, 다정하다, 무뚝뚝하다, (성격이) 느긋하다, (성격이) 급하다, 신중하다, 예민하다, 자상하다, 책임감이 강하다, 활발하다, (계획을) 세우다, 나서다, 유머 감각이 많다, 시끄럽다 **문화와 정보** '성격과 직업'과 관련된 어휘 현실형(R), 탐구형(I), 예술형(A), 사회형(S), 진취형(E), 관습형(C), 유형, 관찰, 직업군, 현실적이다, 솔직하다, 고집이 세다, 지적이다, 분석적이다, 독립적이다
지역 복지 서비스	임금 체불, 상담, 통번역 서비스, 구직/창업, 산업 재해, 근무 조건, 의료 상담, 참가 자격, 정착, 고충, 보건, 받다, 아이를 맡기다, 장난감을 대여하다, 육아 정보를 얻다, 노인을 돌보다 **문화와 정보** '다문화이주민플러스센터'와 관련된 어휘 서비스, 지자체, 법무부, 행정안전부, 고용노동부, 여성가족부, 체류, 연장, 고용, 허가, 방문 교육
교환과 환불	얼룩, 디자인, 소비자 상담 센터, 치수, 실수, 택배비, 신선식품, 냉동식품, 파손, 증정품, 구매점, 미개봉, A/S, 불량, 판매자, 세일 상품, 소비자, 사이즈가 크다/작다, 색상이 다르다, 바지가 끼다/헐렁하다, 단추가 떨어지다, 바느질이 잘못되다, 마음에 안 들다, 교환하다, 환불하다, 고객 센터에 문의하다, 상담하다, 개봉하다, 훼손하다, 구입하다, 수선하다, 반납하다, 포장하다 **문화와 정보** '소비자 상담 센터'와 관련된 어휘 피해, 사업자, 분쟁, 고충, 정부 산하 기관, 한국소비자원, 피해 구체 신청, 지방 자치 단체, 협력, 발생하다, 구제받다, 대신하다
소비와 절약	지출, 축의금, 식비, 통신비, 교육비, 의료비, 경조사비, 공과금, 문화생활비, 가계부, 포인트, 쿠폰, 충동구매, 난방비, 공유, 전시 상품, 이월 상품, 비용, 공동 구매, 벼룩시장, 흠집, 결제하다, 적립하다, 수리하다, 물려받다, 장을 보다, 합리적이다, 들다, 부담되다, 줄이다 **문화와 정보** '적금'과 관련된 어휘 이율, 이자, 고객, 정기 적금, 자유 적금, 맡기다

주거 환경	빌딩 숲, 산업 단지, 산책로, 문화 시설, 논, 밭, 과수원, 비닐하우스, 자연환경, 풍경, 체육 센터, 자연 경관, 안전하다, 소음이 심하다, 공기가 탁하다, 한적하다, 공기가 맑다, 농사를 짓다, 하천이 흐르다, 경치가 좋다, 떠나다 **문화와 정보** '과거와 현대의 명당'과 관련된 어휘 환경, 명당(좋은 위치), 남향, 학군
문화생활	뮤지컬, 연극, 연주회, 난타, 사물놀이, 길거리 공연(버스킹), 전시회, 콘서트, 케이팝(K-pop), 재즈(Jazz) 콘서트, 토크 콘서트(강연), 좌석, 감상 소감, 입장권, 초대권, 티켓(표), 예약 번호, 할인, 연령, 유의 사항, 관람료, 무료, 행사, 박물관, 검색하다, 예매하다, 수령하다, 찾다, 관람하다, 기대하다/기대되다, 감동적이다, 인상적이다, 전원을 끄다, 입장하다, 참석하다, 초대하다, 추천하다 **문화와 정보** '공연 정보'와 관련된 어휘 문화생활, 홈페이지, 문화포털, 후기, 참고, 제공하다
음식과 요리	고추장, 간장, 된장, 참기름, 식초, 고춧가루, 깨, 후추, 냉장실, 냉동실, 뷔페, 간, 양, 시간, 씻다, 껍질을 벗기다, 칼로 썰다, 다지다, 끓이다, 튀기다, 찌다, 삶다, 볶다, 무치다, 굽다, 데치다, 익다, 뿌리다, 채를 썰다, 깍둑 썰다, 절이다, 담다, 맞추다 **문화와 정보** '식품의 유통 기한'과 관련된 어휘 유통 기한, 소비 기한, 상하다, 표시하다, 보관하다
고장과 수리	하수구, 변기, 플러그, 밸브, 펌프질, 이물질, 고장이 나다, 막히다, 물이 안 나오다, 물이 새다, 전등이 나가다, 문이 잠기다, 가스불이 안 들어오다, 냉동이 안 되다, 와이파이(Wi-Fi) 연결이 안 되다, 액정이 깨지다, 부팅이 안 되다, 전원이 안 켜지다, 서비스 센터에 문의하다, 출장 서비스를 신청하다, 서비스 센터에 방문하다, 고치다, 수리하다, 수리비용을 내다, 무상 수리를 받다, 점검하다, 뽑다/꽂다, 잠그다, 뚫다 **문화와 정보** '전자 제품 보증 기간'과 관련된 어휘 보증 기간, 보증서, 모델명, 구입 일자, 제조사, 사용 설명서, 영수증, 지불하다
취업	학원 강사, 다문화 언어 강사, 아르바이트, 시간제, 통역, 번역, 전문성, 근무 환경, 월급, 발전 가능성, 자기 계발, 구인 광고, 이력서/지원서, 합격 통보, 지원, 증명서, 사본, 자격증, 사업하다, 가게를 차리다, 안정적이다, 출퇴근이 자유롭다, 사회에 기여하다, 보람을 느끼다, 서류를 제출하다, 필기시험을 보다, 면접을 보다 **문화와 정보** '급여와 세금'과 관련된 어휘 급여, 월급, 세금, 기본급, 수당, 초과 근무, 상여, 계좌, 세금, 건강 보험료, 액수, 공제하다
부동산	주택, 아파트, 오피스텔, 빌라, 원룸, 매매, 임대, 전세, 월세, 편의 시설, 전망, 햇빛, 옵션, 내부, 편의 시설, 주차, 층간 소음, 도보, 등기부 등본, 부동산, 신축, 역세권, 잔금, 전입신고, 특약 사항, 구하다/찾다, 계약하다, 이사하다, 편리하다, 선호하다 **문화와 정보** '공유 주택(셰어 하우스)'과 관련된 어휘 공유 주택(셰어 하우스), 임대 주택, 사회 초년생, 주거 문화

전통 명절	설날(음력 1월 1일), 정월 대보름(음력 1월 15일), 추석(음력 8월 15일), 동지(양력 12월 22일 또는 23일경), 음력, 양력, 부럼, 팥죽, 송편, 떡국, 피부병, 붉은색, 윷놀이, 연날리기, 제기차기, 보름달, 햇곡식, 햇과일, 풍요, 풍습, 연휴, 귀성 전쟁, 귀성객, 평안, 근하신년, 친지, 기원하다, 생기다, 쫓다, 넉넉하다, 풍성하다, 소원을 빌다, 차례를 지내다, 덕담을 하다, 세배하다, 설빔을 입다, 세뱃돈을 받다 **문화와 정보** '강릉 단오제'와 관련된 어휘 단오(음력 5월 5일), 만물, 기운, 창포물, 씨름, 제사, 기원하다
직장 생활	회의, 업무, 지시, 보고, 결재, 재고, 자재, 작업, 창고, 방식, 계약서, 직종, 사무직, 생산직, 관리직, 영업직, 판매직, 일용직, 급여, 연봉, 주급, 일당, 시급, 수당(보너스), 야근, 성과, 피로, 상사, 상하관계, 책임감, 작성하다, 제출하다, 적응하다, 파악하다, 상의하다, 이겨 내다 **문화와 정보** '워라밸'과 관련된 어휘 워라밸(Work-life balance), 승진, 성공, 균형, 정시, 소확행
인터넷과 스마트폰	인터넷 뱅킹, 인터넷 쇼핑, 에스엔에스(SNS), 영상 통화, 최신, 홈페이지, 본인 확인, 긍정적, 부정적, 인터넷 중독, 불면증, 시력 약화, 의존도, 데이터, 보편화, 개인 정보 유출, 사생활 노출, 게임하다, 간편하다, 개통하다, 정보를 검색하다, 이메일을 보내다, 인터넷 강의를 듣다, 영화를 감상하다, 댓글을 남기다, 유튜브(Youtube)를 보다, 사진/동영상을 촬영하다, 문자를 보내다, 앱(App)을 설치하다, 회원 가입을 하다/회원으로 가입하다, 소통이 단절되다 **문화와 정보** '휴대폰 개통 방법'과 관련된 어휘 통신사, 대리점, 유심(USIM), 본인, 요금제, 무제한, 개통하다
고민과 상담	문제, 제자리걸음, 고부간, 갈등, 만성 피로, 불면증, 재테크, 식욕, 피곤하다, 불안하다, 병행하다, 두렵다, 우울하다, 불투명하다, 되풀이하다, 성격이 안 맞다, 머리가 복잡하다, 신경이 쓰이다, 속이 타다, 골치가 아프다, 눈앞이 캄캄하다, 고민을 털어놓다, 고민을 나누다, 조언을 구하다, 상담을 받다, 고민을 덜다, 고민을 해결하다, 고민을 털어버리다 **문화와 정보** '이민자 상담 센터'와 관련된 어휘 어려움, 구체적, 해결 방안, 외국인노동자지원센터, 서울글로벌센터, 다문화가족지원센터, 마련하다
기후와 날씨	체감 온도, 습도, 확률, 미세 먼지, 최저 기온, 최고 기온, 일교차, 기온, 영상, 영하, 폭염 주의보, 호우/한파 경보, 체감 온도, 소나기, 열대야, 폭염, 춘곤증, 고열, 근육통, 독감, 건조하다, 우울하다, 마스크를 쓰다, 대피하다, 찬바람이 불다, 봄/가을을 타다, 몸이 나른하다, 피로를 느끼다, 기운이 없다, 졸음이 오다, 집중력이 떨어지다 **문화와 정보** '한국의 절기'와 관련된 어휘 절기(계절의 변화), 시기, 단위, 입춘, 춘분, 하지, 추분, 동지, 입춘대길

2 문법

문법 표현	의미	예문
-고 해서	앞 내용이 뒤 내용의 이유 가운데 하나가 됨을 나타낼 때 사용한다.	• 비도 오고 해서 약속을 취소했어요. • 성격도 내성적이고 혼자 있는 걸 좋아하고 해서 사람을 사귀기가 힘들어요.
-(으)면 되다	어떤 결과나 기준을 만족시킬 만한 조건이나 정도를 나타낼 때 사용한다.	• 국물이 짜면 물을 조금 더 넣으면 돼요. • 이 약은 식후에 드시면 됩니다.
-아/어/해지다	시간이 지남에 따라 조금씩 변화하여 어떤 상태가 되어 가는 과정을 나타낼 때 사용한다.	• 한국어 실력이 점점 좋아졌어요. • 이제는 한국 생활에 많이 익숙해졌어요.
-(으)ㄴ/는 대신(에)	앞선 행동에 대한 보상이나 대체를 나타낼 때 사용한다.	• 일요일에 일하는 대신에 월요일은 쉬어요. • 부모님을 자주 찾아뵙지 못하는 대신에 영상 통화를 자주 해요.
-(으)ㄴ/는지 알다/모르다	의문을 나타낼 때, 어떠한 정보에 대해 알거나 모르고 있음을 말할 때 사용한다.	• 어디에서 예방 접종을 하는지 아세요? • 은행이 몇 시에 문을 여는지 몰라서 홈페이지를 검색했다.
-다가	행동 중에 다른 행동이나 상태로 바꿀 때 사용한다.	• 어젯밤에 텔레비전을 보다가 피곤해서 잠이 들었다. • 우리는 밥을 먹다가 커피를 마셨다.
-(으)ㄹ 만하다	❶ 어떤 사람이나 사물이 그러한 행동을 할 가치가 있을 때 사용한다. ❷ 어떤 행동을 하는 것이 가능하고 그런 행동을 하기에 충분한 정도가 되었음을 나타낼 때 사용한다.	• 김치가 맵지만 먹을 만해요. • 이 책상은 좀 오래 됐지만 아직 튼튼해서 쓸 만해요.
-아/어/해 가지고	앞 내용의 방법, 원인, 이유를 나타낼 때 사용한다.	• 신발 사이즈가 작아 가지고 교환을 하려고 해요. • 밥을 너무 많이 먹어 가지고 배가 아파요.
(이)나	예상되는 정도를 넘었거나 많을 때 사용한다.	• 이번 달 교통비로 30만 원이나 썼어요? • 벌써 10시간이나 지났어요?
밖에	❶ 예상보다 적을 때 사용한다. ❷ '안, 못, -지 않다, 없다' 등 부정을 나타내는 말과 자주 사용된다.	• 시험 시간이 5분밖에 안 남았어요. • 10,000원밖에 없어요.
-(ㄴ/는)다고 하다	다른 사람에게서 들은 내용을 전달할 때 사용한다.	• 뉴스에서 내일 비가 온다고 했어요. • 동생은 짜장면을 먹는다고 해요.
피동	다른 힘에 의해 이루어지는 일을 나타낼 때 사용한다.	• 출근 시간이라서 길이 많이 막히네요. • 갑자기 전화가 끊겼다.
-자고 하다	다른 사람에게서 들은 권유나 제안 내용을 전달할 때 사용한다.	• 친구가 같이 고향 음식을 만들자고 했어요. • 아이가 놀이 공원에 가자고 했어요.
-(으)라고 하다	다른 사람에게서 들은 명령이나 부탁을 전달할 때 사용한다.	• 선생님께서 휴대 전화를 끄라고 했어요. • 보고서는 다음 주 월요일까지 내라고 했어요.

문법	설명	예문
-냐고 하다	질문의 내용을 자신의 말로 바꾸어 전달할 때 사용한다.	• 친구가 저에게 밥을 먹었냐고 했어요. • 친구가 저에게 그녀를 좋아하냐고 했어요.
만큼	앞말과 비슷한 정도나 한도임을 나타낼 때 사용한다.	• 오늘 본 영화는 저번에 본 영화만큼 아주 재미있었어요. • 제이미 씨는 한국 사람만큼 한국어가 유창해요.
사동	다른 사람이나 동물 또는 사물이 어떤 작용이나 행동을 하도록 할 때 사용한다.	• 엄마가 아이에게 옷을 입히고 있어요. • 배가 부르면 음식을 남기세요.
-아/어/해서 그런지	명확히 말하기 어려운 이유를 추측하여 말할 때 사용한다.	• 날씨가 추워서 그런지 공원에 사람이 별로 없네요. • 지하에 있어서 그런지 와이파이 연결이 잘 안 되는 것 같아요.
-나요, -(으)ㄴ가요	격식을 차리지 않아도 되는 환경이거나 친한 사이에서 상대방에게 질문할 때 사용한다.	• 휴대 전화가 고장이 났는데 어떻게 해야 되나요? • 한국어를 배우는 사람이 많은가요?
-기 위해서	앞의 내용이 뒤의 상황이나 행동이 발생하게 된 목적이나 의도임을 나타낼 때 사용한다.	• 부모님께 드릴 선물을 사기 위해서 백화점에 가고 있어요. • 건강하기 위해서 하루에 1시간씩 운동해야 돼요.
-아/어/해 놓다	어떤 행위가 끝나고 난 상태나 상황이 변화지 않고 계속 유지되고 있음을 나타낼 때 사용한다.	• 여기에 자동차를 세워 놓으세요. • 숙제를 미리 해 놓아서 마음이 편합니다.
-(으)ㄴ/는 데다가	어떤 동작이나 상태에 비슷한 성질의 동작이나 상태를 더해서 말할 때 사용한다.	• 이 집은 깨끗한 데다가 남향이다. • 제주도는 경치가 아름다운 데다가 맛있는 해산물이 많아요.
-ㄴ/는다	주로 신문이나 책 등 객관적인 글에서 현재의 사실을 말할 때 사용한다.	• 많은 사람이 교통이 편리한 집을 구한다. • 설날에는 떡국을 먹는다.
-아/어/해도	기대와 다른 결과(조건, 가정)를 나타낼 때 사용한다.	• 아무리 아파도 결석하지 마세요. • 나는 시간이 없어도 아침밥을 꼭 먹는다.
-게 되다	❶ 외부의 영향으로 어떤 결과가 생기거나, 상황(상태)이 변하는 것을 나타낼 때 사용한다. ❷ '결국, 마침내, 드디어'와 자주 사용된다.	• 친구 소개로 만나게 됐어요. • 장사가 안 돼서 가게 문을 닫게 되었다.
-게 하다	다른 사람에게 어떤 일을 시키거나 행동을 하게 만들었을 때 사용한다.	• 이 약은 식후에 아이에게 먹게 하세요. • 선생님께서 학생들에게 창문을 열게 하셨어요.
-아/어/해 가다	❶ 어떤 행동이나 상태가 계속 변화하거나 진행되고 있음을 나타낼 때 사용한다. ❷ 진행의 의미를 강조하기 위해 '거의, 점점, 다, 점차'와 함께 사용한다.	• 일이 다 끝나 가요. • 한국에 온 지 거의 3년이 되어 간다.

-잖아요	듣는 사람도 알고 있다고 생각하는 일에 대해서 이야기하거나 어떤 사실을 확인할 때 사용한다.	• 다음 주에 휴가잖아요. • 휴대 전화로 공부할 수 있잖아요.
-아/어/해야	앞에 오는 내용이 뒤 내용의 필수 조건이 될 때 사용한다.	• 보호자가 있어야 놀이 기구를 탈 수 있어요. • 비밀번호를 입력해야 인터넷에 접속할 수 있어요.
-(으)려던 참이다	말하는 사람이 가까운 미래에 어떤 일을 하려는 생각을 갖고 있을 때 사용한다.	• 지금 밥을 먹으려던 참이었어요. • 친구에게 미안하다고 말하려던 참이었는데 친구가 먼저 사과했어요.
-자마자	앞의 동작이 이루어지고 난 후에 바로 이어서 뒤의 사건이나 동작이 일어날 때 사용한다.	• 단어를 외우자마자 금방 잊어버려요. • 요즘 일이 너무 많아서 퇴근하자마자 씻지도 못하고 자요.
-(으)ㄹ 텐데	어떤 내용에 대한 말하는 사람의 추측을 나타낼 때 사용한다.	• 비가 올 텐데 우산을 가지고 가세요. • 단계평가가 어려울 텐데 열심히 공부해야겠어요.
-아/어/해 있다	어떤 행동이 끝난 후에 그 상태가 지속될 때 사용한다.	• 꽃이 많이 피어 있네요. • 창문이 열려 있어요.

더 알아보기

1 혼동되는 문법(피동, 사동, 간접화법)

1) 피동

피동은 다른 힘에 의해 이루어지는 일을 나타낼 때 사용한다.

-이-	놓이다, 바뀌다, 보이다, 쌓이다, 쓰이다
-히-	닫히다, 막히다, 먹히다, 읽히다, 잡히다
-리-	걸리다, 들리다, 물리다, 열리다, 팔리다
-기-	감기다, 끊기다, 안기다, 찢기다, 쫓기다

예 와, 방 안에서 산이 보이네요?
  퇴근 시간이라서 길이 많이 막혀요.
  자는 동안 모기한테 팔을 물려서 너무 가렵다.
  친구와 통화하는 중에 갑자기 전화가 끊겼다.

2) 사동

사동은 다른 사람이나 동물에게 어떤 행동을 하게 할 때 사용한다.

-이-	먹이다, 끓이다, 녹이다, 높이다, 보이다, 죽이다
-히-	입히다, 눕히다, 익히다, 앉히다, 읽히다, 잡히다
-리-	살리다, 놀리다, 돌리다, 말리다, 알리다, 울리다
-기-	신기다, 남기다, 맡기다, 벗기다, 씻기다, 웃기다
-우-	태우다, 깨우다, 세우다, 씌우다, 재우다, 키우다
-추-	늦추다, 맞추다

예 그럼 제가 라면을 끓일게요.
  날씨가 추우니까 옷을 따뜻하게 입히세요.
  다른 사람에게 저의 소식을 알리지 마세요.
  음식이 맛있어서 남기지 않고 다 먹었어요.
  저는 언제나 아이를 자동차 뒷자리에 태워요.
  친구와 일정을 맞춰 봤어요.

3) 간접화법

간접화법은 다른 사람의 말을 전달할 때 사용한다.

-(ㄴ/는)다고 하다	평서문	안내문: 오늘부터 항공권 할인 행사가 시작됩니다. ➡ 오늘부터 항공권 할인 행사가 시작된다고 해요.
-(으)냐고 하다	의문문	친구: 케이팝을 좋아해? ➡ 친구가 케이팝을 좋아하냐고 했어요.

-자고 하다	청유문 · 권유문	남편: 오늘 저녁에 외식합시다. ➡ 남편이 오늘 저녁에 외식하자고 했어요.
-(으)라고 하다	명령문	의사: 약은 식후에 드세요. ➡ 의사 선생님이 식후에 약을 먹으라고 했어요.

2 속담, 사자성어, 관용어

1) 속담

둘이 먹다가 하나가 죽어도 모르겠다	음식이 아주 맛있다는 의미
허리띠를 졸라매다	배고픔을 참고 절약한다는 의미

2) 사자성어

천만다행	엉킨 일들이 뜻밖에도 잘 풀려 매우 좋음을 의미
자유분방	격식이나 관습에 얽매이지 않고 행동이 자유롭다는 의미
과유불급	정도를 지나침은 미치지 못함과 같다는 의미. 즉, 필요한 것보다 많이 있는 것은 오히려 부족한 것보다 못하다는 의미

3) 관용어

눈 깜짝할 사이	매우 짧은 순간
눈앞이 캄캄하다	어찌할 줄 몰라 다른 방법이 없는 상황
발을 뻗고(펴고) 자다	마음 놓고 편히 자는 상황
속이 타다	불안하고 초조해져서 안절부절못하는 모습
마음을 먹다	무엇을 하겠다는 결심
마음에 들다	마음이나 감정이 좋은 모습
마음에 있다	무엇을 하거나 가지고 싶은 생각이 있는 상황
문을 닫다	경영하던 일을 그만두는 상황. 다른 대상과 교류하지 않는 모습
시간 가는 줄 모르다	몹시 바쁘게 진행되자 어떤 일에 집중하여 시간이 어떻게 지났는지 알지 못하는 상황
골치가 아프다	일을 해결하기가 귀찮거나 어려운 상황
발 벗고 나서다	적극적으로 도와주는 상황
발 디딜 틈이 없다	사람이 많아 꽉 찬 상태
발길이 뜸하다	자주 가던 곳에 한동안 가지 않는 상태
미역국을 먹다	시험에 떨어진 상황

유형별 연습 문제

유형 01 다음 (   )에 들어갈 가장 알맞은 것을 고르시오.

01 떡볶이에는 고추장, 간장, 설탕 등의 (   )이 들어간다.

① 비법
② 양념
③ 무침
④ 기름

02 옷이 작아서 큰 사이즈로 바꾸고 싶은데 (   )이/가 될지 걱정이다.

① 교환
② 환불
③ 수리
④ 결제

정답 01 ②   02 ①

유형 02 다음 ( )에 들어갈 가장 알맞은 것을 고르시오.

01   면접을 보는데 너무 (   ) 제가 무슨 말을 했는지 모르겠어요.

① 바빠서
② 당황해서
③ 막막해서
④ 긴장해서

02   우리 부부는 회사에 출근하기 전에 아이를 어린이집에 (   ).

① 맡긴다
② 키운다
③ 대여한다
④ 돌봐준다

정답 01 ④   02 ①

유형 03 다음 ( )에 들어갈 가장 알맞은 것을 고르시오.

01

봄에는 춘곤증 때문에 몸이 (   ).

① 고르다
② 나른하다
③ 막막하다
④ 답답하다

02

도시는 공기가 (   ) 사람들의 건강에 안 좋다.

① 맑아서
② 탁해서
③ 한적해서
④ 깨끗해서

정답 01 ②   02 ②

유형 04 다음 ( )에 들어갈 가장 알맞은 것을 고르시오.

01

| 어제 야근해서 그런지 ( ) 졸리고 피곤해요. |

① 새로
② 전혀
③ 자꾸
④ 혹시

02

| 다섯 번째 시험 끝에 ( ) 합격했다. |

① 마침내
② 함부로
③ 아마도
④ 반드시

정답 01 ③   02 ①

유형 05 다음 (   )에 들어갈 가장 알맞은 것을 고르시오.

01
> 가: 김치가 조금 (   ) 먹을 수 있어요?
> 나: 네, 저는 매운 음식을 잘 먹어요.

① 맵다가
② 매워야
③ 매울 텐데
④ 맵기 위해서

02
> 가: 이번 주말에 뭐 할 거예요?
> 나: 이번 주말은 (   ) 집에서 쉴 거예요.

① 피곤하다가
② 피곤할 텐데
③ 피곤하자마자
④ 피곤하고 해서

정답 01 ③   02 ④

유형 06 다음 ( )에 들어갈 가장 알맞은 것을 고르시오.

01

> 가: 이번에 들어온 신입 사원은 참 적극적인 것 같아요.
> 나: 네, 그런데 (　　　　) 좀 덜렁거려서 실수가 많아요.

① 적극적일 텐데
② 적극적이고 해서
③ 적극적인 대신에
④ 적극적이기 위해서

02

> 가: 지금도 밖에 눈이 와요?
> 나: 아침에 눈이 많이 (　　　　) 지금은 그쳤어요.

① 오다가
② 올 텐데
③ 오는 데다가
④ 오는 대신에

정답 01 ③   02 ①

유형 07 다음 ( )에 들어갈 가장 알맞은 것을 고르시오.

01

가: 오늘도 기침을 많이 하시네요.
나: 네, 일주일 동안 약을 (   ) 잘 낫지 않네요.

① 먹어도
② 먹어야
③ 먹었을 텐데
④ 먹어서 그런지

02

가: 이번 달 휴대 전화 요금이 10만 원 나왔어요.
나: 10만 원(   ) 나왔어요? 저는 보통 3만 원 정도 나와요.

① 밖에
② 이나
③ 만큼
④ 으로

정답 01 ①   02 ②

유형 08 다음 (   )에 들어갈 가장 알맞은 것을 고르시오.

01

> 가: 여기서 학교까지 걸어서 얼마나 (   )?
> 나: 네, 걸어서 10분 정도 걸려요.

① 걸리잖아요
② 걸리는지 알아요
③ 걸리냐고 했어요
④ 걸리려던 참이에요

02

> 가: 재미있는 드라마를 추천해 주세요.
> 나: 주말에 하는 드라마가 재미있고 괜찮아요. 몇 번 봤는데 (   ).

① 봐 가요
② 볼 만해요
③ 보냐고 했어요
④ 보는지 알았어요

정답 01 ②   02 ②

유형 09 다음 ( )에 들어갈 가장 알맞은 것을 고르시오.

01
가: 친구하고 내일 뭘 하기로 했어요?
나: 제가 보고 싶은 영화가 있어서 친구한테 같이 (   ).

① 보러 갔어요
② 보러 가게 해요
③ 보러 가자고 했어요
④ 보러 가는지 몰랐어요

02
가: 병원에 다녀왔어요?
나: 네, 의사 선생님이 약을 먹고 푹 (   ).

① 쉬고 했어요
② 쉬냐고 했어요
③ 쉰다고 했어요
④ 쉬라고 했어요

정답 01 ③   02 ④

유형 10 다음 ( )에 들어갈 가장 알맞은 것을 고르시오.

01

> 가: 요즘 안색이 좋아 보여요.
> 나: 네, 늘 피곤했는데 요즘 매일 운동을 해서 그런지 건강이 (   ).

① 좋잖아요
② 좋게 해요
③ 좋아졌어요
④ 좋으면 돼요

02

> 가: 여기 있던 제 옷 못 봤어요?
> 나: 옷이 떨어져 있어서 저기 보이는 옷걸이에 (   ).

① 걸잖아요
② 걸으면 돼요
③ 걸어 놓았어요
④ 걸려던 참이에요

정답 01 ③   02 ③

유형 11 다음을 읽고 ( )에 들어갈 가장 알맞은 것을 고르시오.

01

많은 직장인이 직장 생활에서 일보다 사람 때문에 ( ). 직장인 1,200명을 대상으로 퇴사를 고민하는 이유를 조사한 결과, 상사와 직장 동료 등 대인 관계와 관련된 이유가 20%로 가장 높았다. 즉 직장인 5명 중 1명이 대인 관계 때문에 퇴사를 생각하는 것이다.

① 피로가 쌓인다
② 사이가 멀어진다
③ 집중력이 떨어진다
④ 스트레스를 받는다

02

한국에서 몸이 심하게 아팠을 때가 있었다. 밤에 잠을 못 잘 정도로 아파서 집 근처에 있는 병원에 갔다. 하지만 그때는 한국에 온 지 얼마 안 되어서 증상을 한국어로 말하지 못했다. 그래서 외국어 통번역 서비스를 ( ) 도움을 받았다.

① 신청해
② 참여해
③ 변경해
④ 취업해

정답 01 ④ 02 ①

유형 12 다음을 읽고 (   )에 들어갈 가장 알맞은 것을 고르시오.

01
> 지난주 옷 가게에서 원피스를 구매했습니다. 그런데 집에 와서 보니 단추는 떨어져 있었고, 치마 부분은 조금 (   ) 있었습니다. 매장에 전화로 문의를 하니까 영수증이 있으면 새로운 상품으로 교환할 수 있다고 했습니다.

① 고장 나
② 잃어버려
③ 수리되어
④ 훼손되어

02
> 지난달에 친구들과 비보이 공연을 보고 왔다. 이 공연은 한국뿐만 아니라 외국에서도 유명해서 보기 전부터 기대가 되었다. 우리는 무대 바로 앞에 앉게 되어 배우들의 얼굴까지 볼 수 있었다. 춤이 정말 (   )이어서 관람이 끝난 후에는 나도 춤을 배우고 싶다는 생각이 들었다.

① 인상적
② 내성적
③ 외향적
④ 적극적

정답 01 ④   02 ①

유형 13 다음을 읽고 ( )에 들어갈 가장 알맞은 것을 고르시오.

01

집을 구할 때는 꼼꼼하게 확인해야 하는 것들이 있다. 가장 중요한 것은 이사 갈 집의 내부와 주변 환경을 잘 ( ). 예를 들어, 집 안에 해가 잘 들어오는지, 난방은 잘 되는지, 변기의 물은 잘 내려가는지 등을 확인해야 한다. 그리고 주변에 교통은 편리한지, 편의 시설이 있는지도 함께 확인해야 한다.

① 살펴보는 것이다
② 구경하는 것이다
③ 관람하는 것이다
④ 시청하는 것이다

02

저는 얼마 전에 이직하여 한국에서 회사를 다니고 있는 외국인입니다. 새 직장에는 한국 사람이 많고, 대부분 저보다 ( ). 그래서 직장 사람들과 대화를 하면 그들이 저에게 "윗사람한테 그렇게 말하면 안 되지!"라고 말할 때가 많습니다. 그럴 때마다 선배들의 기분이 안 좋아진 것 같아서 마음이 불편합니다.

① 위층에 삽니다
② 나이가 어립니다
③ 나이가 많습니다
④ 한국어를 잘 못합니다

정답 01 ①   02 ③

유형 14 다음 질문에 답하시오.

01 다음 포스터에 대한 설명이 아닌 것은?

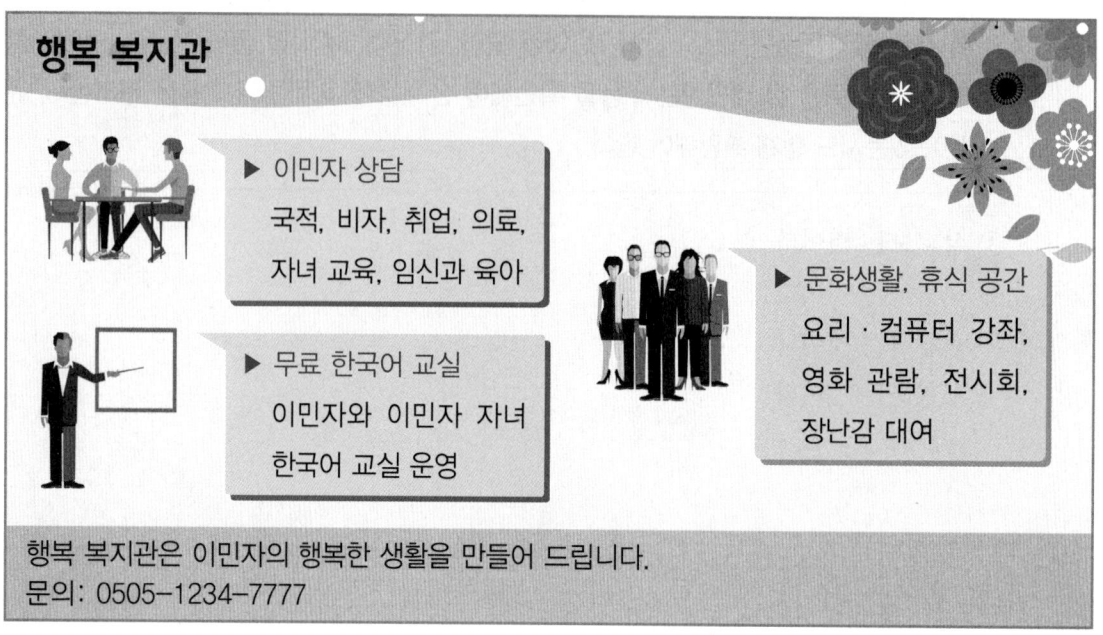

① 이 복지관은 이민자에게 도움을 주는 곳이다.
② 이 복지관을 이용하려면 반드시 전화로 예약해야 한다.
③ 이 복지관에서 임신과 육아에 관련된 상담을 받을 수 있다.
④ 이 복지관에서는 이민자의 자녀들도 무료로 한국어를 배울 수 있다.

02 다음 안내문에 대한 설명이 <u>아닌</u> 것은?

정상 제품
- 박스 미개봉의 경우, 1개월 이내 교환 및 환불이 가능합니다.
  (박스 개봉 시 교환 및 환불 불가능)

불량 제품
- 10일 이내 매장을 방문할 경우 환불이 가능합니다.
- 1년 이내 매장을 방문할 경우 교환 또는 A/S가 가능합니다. (단, 영수증 지참)

① 영수증이 없으면 A/S를 받을 수 없다.
② 제품에 문제가 있으면 10일 이내에 환불할 수 있다.
③ 박스를 연 후 제품에 이상이 없으면 환불이 안 된다.
④ 박스를 개봉하지 않고 구매 후 10일이 지나면 환불할 수 없다.

정답 01 ②　02 ④

유형 15 다음 질문에 답하시오.

01 다음 광고에 대한 설명으로 옳지 <u>않은</u> 것은?

> **복잡한 도시를 떠나 조용하고 편안한 주거 환경으로 여러분을 모십니다.**
>
> 단지 옆으로 흐르는 맑은 강,
> 가까운 공원 산책로,
> 5분 거리의 지하철역,
> 어린이들을 위한
> 다양한 교육 시설까지!
>
> 문의: 02-1544-5678

① 이 아파트 근처에는 공원이 있다.
② 이 아파트는 주변 환경이 조금 복잡하다.
③ 아이가 있는 가정에게 살기 좋은 환경이다.
④ 아파트 단지에서 지하철역까지 거리가 가깝다.

02 다음 내용과 <u>다른</u> 것은?

> 요가를 배우고 싶어서 요가 학원에 가서 상담을 받았다. 그런데 수강료가 너무 비싸서 고민이 되었다. 인터넷으로 검색해 보니 그룹 수업을 신청하면 개인 수업보다 수강료가 훨씬 저렴해서 비용을 줄일 수 있다고 했다. 또 학원마다 할인 행사도 다양하니까 잘 찾아보라고 했다. 그리고 요즘은 학원에 가지 않고도 인터넷 동영상을 통해 집에서 요가를 배울 수 있는 방법이 있다고 했다.

① 운동을 배우고 싶은데 수강료 때문에 고민이다.
② 인터넷 동영상은 종류가 다양해서 비용이 비싸다.
③ 요즘은 집에서 인터넷 동영상을 보면서 운동을 할 수 있다.
④ 혼자서 수업을 듣는 것보다 다른 사람과 같이 들으면 비용이 싸다.

정답 01 ② 02 ②

유형 16 다음 질문에 답하시오.

01 다음 내용과 같은 것은?

> 사람의 성격은 상황에 따라 장점이 될 수도 있고, 단점이 될 수도 있다. 예를 들어 겉으로 표현을 잘 안 하는 내성적인 성격을 단점이라고 생각할 수 있지만 신중하고 말을 가볍게 옮기지 않아 장점으로 생각할 수도 있다. 또 내성적인 성격은 사람들 앞에서 자신의 생각을 말할 때 스트레스를 많이 받는 편이지만 다른 사람의 이야기를 잘 들어 주고 배려심이 많은 성격이기도 하다. 그렇기 때문에 다른 사람이 "너는 소심하고 소극적인 성격이 문제야."라고 말하는 것에 대해 심각하게 생각할 필요가 없다.

① 내성적인 성격은 큰 단점이 된다.
② 소심한 성격은 심각하게 생각해 봐야 한다.
③ 성격은 장점이 될 수도, 단점도 될 수도 있다.
④ 사람들이 성격의 문제점을 말해 주면 고쳐야 한다.

02 다음 내용과 <u>다른</u> 것은?

> 올해 딸의 생일에 무선 이어폰을 선물해 줬다. 이번에 처음 인터넷 쇼핑으로 전자 제품을 구매해 봤는데 주문한 지 하루 만에 배송이 왔다. 택배 기사님도 친절하셔서 기분 좋게 상품을 받았다. 박스를 개봉해서 확인해 보니 상품의 색상과 디자인도 사진에서 본 것과 같았다. 인터넷으로 쇼핑할 만하다. 앞으로도 자주 이용해야겠다.

① 이 사람은 인터넷 쇼핑을 자주 이용한다.
② 이 사람은 상품을 주문한 다음 날 받았다.
③ 주문한 물건은 사진에서 본 것과 다르지 않았다.
④ 이 사람은 다음에도 인터넷으로 구매를 할 것이다.

정답 01 ③   02 ①

유형 17 다음 질문에 답하시오.

01 동호회에 대한 설명으로 옳지 <u>않은</u> 것은?

① 같은 학교를 졸업한 사람들의 모임이다.
② 같은 취미를 가지고 함께 즐기는 사람들의 모임이다.
③ 온라인에서 정보를 공유하는 모임이 먼저 만들어지기도 한다.
④ 보통 학교, 지역, 직장, 인터넷 커뮤니티를 중심으로 만들어진다.

02 워라밸에 대한 설명으로 옳지 <u>않은</u> 것은?

① 워라밸은 일과 개인 생활의 균형을 뜻한다.
② 정시에 퇴근해서 개인의 시간이 있는 삶을 추구한다.
③ 워라밸은 인생에서 작지만 확실한 행복이 중요하다는 의미다.
④ 최근에는 사회적 성공보다 개인의 행복을 더 중요하게 생각한다.

정답 01 ① 02 ③

유형 18 다음 질문에 답하시오.

01 전자 제품 보증 기간에 대한 설명으로 옳지 <u>않은</u> 것은?

① 제품에 따라 보증 기간은 다를 수 있다.
② 어떤 전자 제품을 사더라도 보증서를 받는다.
③ 보증서에는 모델명, 구입 일자, 보증 내용, 보증 기간 등이 있다.
④ 보증서가 있으면 보증 기간 내에 언제나 무상으로 수리를 받는다.

02 성격과 직업에 대한 설명으로 옳지 <u>않은</u> 것은?

① 현실형(R)은 분명하고 질서 있는 것을 좋아한다.
② 예술형(A)은 분석적이고 독립적이며 내성적이다.
③ 탐구형(I)은 관찰력이 좋으며 지적인 활동을 좋아한다.
④ 워크넷에서 다양한 성격 검사로 자신에게 맞는 직업을 찾을 수 있다.

정답 01 ④   02 ②

유형 19 다음 질문에 답하시오.

01 전통적인 의미의 명당에 대한 설명으로 옳은 것은?

① 좋은 땅은 남쪽에 있다.
② 근처에 좋은 이웃이 살면 좋은 자리다.
③ 집 주변에 넓은 공원이 있으면 좋은 자리다.
④ 뒤에는 산이 있고 앞에는 강이 흐르면 좋은 자리다.

02 적금에 대한 설명으로 옳지 <u>않은</u> 것은?

① 적금 이율은 은행마다 다르다.
② 자유 적금은 아무 때나 돈을 넣을 수 있다.
③ 정기 적금은 월급이 불규칙한 사람들에게 좋다.
④ 정기 적금은 정해진 날짜에 정해진 금액을 넣는다.

정답 01 ④ 02 ③

유형 20 다음 질문에 답하시오.

01 휴대 전화를 개통하기 위해 꼭 알아 두어야 할 점을 모두 고른 것은?

> **보기**
> ㄱ. 휴대 전화의 종류
> ㄴ. 이동 통신사의 이름
> ㄷ. 자신에게 맞는 요금제
> ㄹ. 개통할 때 필요한 서류

① ㄱ, ㄴ
② ㄴ, ㄷ, ㄹ
③ ㄱ, ㄴ, ㄹ
④ ㄱ, ㄴ, ㄷ, ㄹ

02 이민자 상담 센터에 대한 설명으로 알맞은 것을 모두 고른 것은?

> **보기**
> ㄱ. '다문화가족지원센터'에서는 결혼이민자의 가족 상담이 가능하다.
> ㄴ. '외국인노동자지원센터'는 외국인들에게 한국어로만 상담해 준다.
> ㄷ. '서울글로벌센터'는 이민자들의 취업과 관련된 문제도 상담해 준다.
> ㄹ. '소비자 상담 센터'에서는 외국인들을 대상으로 한국 생활과 관련된 상담도 진행한다.

① ㄱ, ㄷ
② ㄴ, ㄷ
③ ㄱ, ㄴ, ㄹ
④ ㄴ, ㄷ, ㄹ

정답 01 ② 02 ①

PART 2
실전 모의고사

1단계 제1회 실전 모의고사
제2회 실전 모의고사

2단계 제1회 실전 모의고사
제2회 실전 모의고사

3단계 제1회 실전 모의고사
제2회 실전 모의고사

학습 TIP 문제 유형 한눈에 확인하기

단계평가는 1단계부터 3단계까지 각 단계의 교육 종료일에 평가를 진행합니다. 출제되는 문제 유형은 단계별로 약간씩 다릅니다. 단계별로 어떤 유형의 문제들이 출제되는지 문제 유형을 미리 익혀서 꼼꼼하게 평가에 대비해 봅시다.

1단계	• 그림을 보고 알맞은 동작이나 상황 고르기 • 그림을 보고 알맞은 어휘 고르기 • 빈칸을 보고 알맞은 어휘 고르기 • 빈칸을 보고 알맞은 문법 고르기 • 빈칸을 보고 알맞은 문장 고르기 • 글의 세부 내용(중심 내용) 파악하기 • 한국 문화 알기
2단계	• 빈칸을 보고 알맞은 어휘 고르기 • 빈칸을 보고 알맞은 문법 고르기 • 틀린 문법 고르기 • 빈칸을 보고 알맞은 문장 고르기 • 그래프·표·포스터 등을 보고 올바른(혹은 틀린) 정보 찾기 • 한국 문화 알기
3단계	• 빈칸을 보고 알맞은 어휘 고르기 • 빈칸을 보고 알맞은 문법 고르기 • 틀린 문법 고르기 • 빈칸을 보고 알맞은 문장 고르기 • 그래프·표·포스터 등을 보고 올바른(혹은 틀린) 정보 찾기 • 한국 문화 알기

※ 실전 모의고사의 문제는 법무부에서 공개한 단계평가 견본 문항과 실제 기출문제를 바탕으로 구성했습니다. 그러나 기관에 따라 문제의 유형과 구성은 달라질 수도 있다는 점 참고 바랍니다.

1단계 제1회 실전 모의고사

필기시험

시험 시간 30분 | 정답 및 해설 p.151

[01-02] 다음 질문에 답하시오.

01 이 사람은 지금 뭐 해요?

① 밥을 먹어요.　　　　② 책을 읽어요.
③ 커피를 마셔요.　　　④ 방을 청소해요.

02 오늘은 몇 월 며칠이에요?

① 십월 삼십일이에요.　　　② 시월 삼십일이에요.
③ 십월 삼십일일이에요.　　④ 시월 삼십일일이에요.

[03-04] 다음 (   )에 들어갈 가장 알맞은 것을 고르시오.

03
> 가: 한식집에서 뭘 먹었어요?
> 나: 저는 (   )을/를 먹었어요.

① 불고기　　　　② 짜장면
③ 돈가스　　　　④ 햄버거

04
> 가: 교실에 학생이 몇 (   ) 있어요?
> 나: 학생이 스물세 (   ) 있어요.

① 명　　　　② 병
③ 조각　　　④ 마리

[05-07] 다음 (   )에 들어갈 가장 알맞은 것을 고르시오.

05
> 시장에서 고기(   ) 야채를 살 거예요.

① 를　　　　② 도
③ 하고　　　④ 에게

06
> 다음 주에 시험이 있어서 도서관에 (   ) 가요.

① 공부하러　　　　② 공부하고
③ 공부하는데　　　④ 공부하지만

07
> 남동생은 (   ) 여동생은 없어요.

① 없지만　　　② 있지만
③ 없어서　　　④ 있어서

[08-10] 다음 (   )에 들어갈 가장 알맞은 것을 고르시오.

08

가: 지금 집에 가세요?
나: 네, 집에 (   ).

① 가요
② 가세요
③ 갑니까
④ 갔어요

09

가: 어제 뭐 했어요?
나: 친구하고 영화를 (   ).

① 보네요
② 봤어요
③ 볼 거예요
④ 보고 싶어요

10

가: 다음 주에 고향에 가요?
나: 네, 고향에 가서 부모님을 (   ).

① 만났어요
② 만났지요
③ 만날까요
④ 만날 거예요

[11-13] 다음을 읽고 (   )에 들어갈 가장 알맞은 것을 고르시오.

11

라흐만 씨 가족은 할아버지, 아버지, 어머니, 누나가 있습니다. 할아버지는 선생님이셨습니다. 그러나 (   ). 그리고 아버지와 어머니는 요리사입니다. 누나는 회사원입니다.

① 운동선수이십니다
② 아침마다 일하러 가십니다
③ 아버지와 같이 운동하십니다
④ 지금은 연세가 많아서 일은 하지 않으십니다

12

저는 여행을 정말 좋아합니다. 그래서 주말마다 산이나 바다로 여행을 갑니다. 지난주는 제주도에 있는 한라산에 갔습니다. 한라산에서 등산도 하고, 캠핑도 했습니다. 다음 주는 (   ). 바다에서 낚시도 하고, 수영도 할 겁니다.

① 산에 갈 겁니다
② 평일에 갈 겁니다
③ 바다에 갈 겁니다
④ 수영을 배울 겁니다

13

어제는 우리 딸의 생일이었어요. 그래서 생일 파티를 해 주었어요. 남편은 생일 케이크를 만들어 주었어요. 그리고 저는 딸에게 생일 축하 노래를 불러 주었어요. 생일 파티 후, 우리 가족은 자전거 가게에 가서 (   ). 딸은 그 선물을 아주 좋아했어요.

① 자전거를 샀어요
② 자전거를 봤어요
③ 자전거를 탔어요
④ 자전거를 빌렸어요

[14-16] 다음을 읽고 질문에 답하시오.

14 여기에서는 무엇을 못 해요?

① 들어가지 마세요.
② 사진을 찍지 마세요.
③ 음식을 먹지 마세요.
④ 담배를 피우지 마세요.

15 다음 글의 내용과 다른 것은?

> 지난 주말에 아들과 함께 남산에 갔습니다. 우리는 남산 근처까지 지하철을 타고 갔습니다. 그리고 지하철역부터 남산까지는 걸어서 올라갔습니다. 조금 힘들었지만 기분은 좋았습니다. 사진도 많이 찍었습니다. 그리고 전망대도 올라갔습니다. 케이블카도 있었습니다. 아들은 케이블카를 타고 싶어 했습니다. 그래서 다음에 케이블카를 타러 남산에 다시 오기로 약속했습니다.

① 두 사람은 다시 남산에 갈 겁니다.
② 두 사람은 전망대에 올라갔습니다.
③ 두 사람은 케이블카를 타러 갔습니다.
④ 두 사람은 남산 근처까지 대중교통을 타고 갔습니다.

16 다음 글의 내용과 <u>다른</u> 것은?

> 저는 지난봄에 한국 사람과 결혼해서 한국에 왔습니다. 저는 남편과 한국어로 대화합니다. 그래서 한국어 말하기는 쉽지만 한국어 쓰기는 어렵습니다. 저는 평일은 학원에서 중국어를 가르칩니다. 그리고 주말은 센터에서 한국어를 공부하고, 한국 요리도 배웁니다. 아직 한국 생활이 익숙하지 않아서 힘들지만 즐겁습니다.

① 저는 중국어를 가르칩니다.
② 저는 한국어를 공부합니다.
③ 저는 한국 회사에 다닙니다.
④ 저는 한국 요리를 배웁니다.

[17-20] 다음 질문에 답하시오.

17 다른 사람에게 고마울 때 하는 인사말은?

① 감사합니다.　　② 미안합니다.
③ 반갑습니다.　　④ 실례합니다.

18 한국에서 겨울에 받을 수 있는 재난 문자는?

① 폭우　　② 폭염
③ 폭설　　④ 미세 먼지

19 국경일의 이름과 날짜의 연결이 맞지 <u>않는</u> 것은?

① 개천절: 3월 1일　　② 제헌절: 7월 17일
③ 한글날: 10월 9일　　④ 광복절: 8월 15일

20 다음을 읽고 ( )에 들어갈 가장 알맞은 것은?

"아주머니, 여기 물냉 하나, 비냉 하나 주세요!" 여러분은 식당에서 이런 말을 들은 적이 있습니까? '물냉'은 '물냉면', '비냉'은 '비빔냉면'을 의미합니다. '뚝불'은 '뚝배기 불고기', '치맥'은 '치킨과 맥주'를 의미합니다. 또 '알바'는 '아르바이트', '셀카'는 '셀프 카메라'라고 합니다. 이러한 ( )은 짧고 편해서 좋지만 가끔 무슨 의미인지 잘 모를 때도 있어서 불편합니다.

① 반말
② 높임말
③ 반대말
④ 줄임말

구술시험

시험 시간 10분 | 정답 및 해설 p.156

21-22

한국에서는 버스나 지하철에서 공공 예절을 지켜야 합니다. 버스나 지하철에는 교통 약자석이 있습니다. 그 좌석에는 어린이, 노인, 임산부, 장애가 있는 사람들이 앉습니다. 버스와 지하철에서는 음료수나 음식을 먹으면 안 됩니다. 그리고 큰 소리로 통화하면 안 됩니다. 공공장소에서는 공공 예절을 지키며 다른 사람을 배려해야 합니다.

21 위의 글을 소리 내어 읽으시오.

22 다음 질문에 답하시오.

가. 버스나 지하철에서 무엇을 지켜야 해요?
나. 교통 약자석에는 누가 앉아요?
다. 버스와 지하철에서는 무엇을 하면 안 돼요?

23 다음 질문에 답하시오.

가. _____ 씨가 알고 있는 한국의 또 다른 공공 예절에는 무엇이 있어요?
나. 고향에는 어떤 공공 예절이 있어요?
다. 공공 예절은 왜 지켜야 한다고 생각해요?

24 다음 사진을 보고 질문에 답하시오.

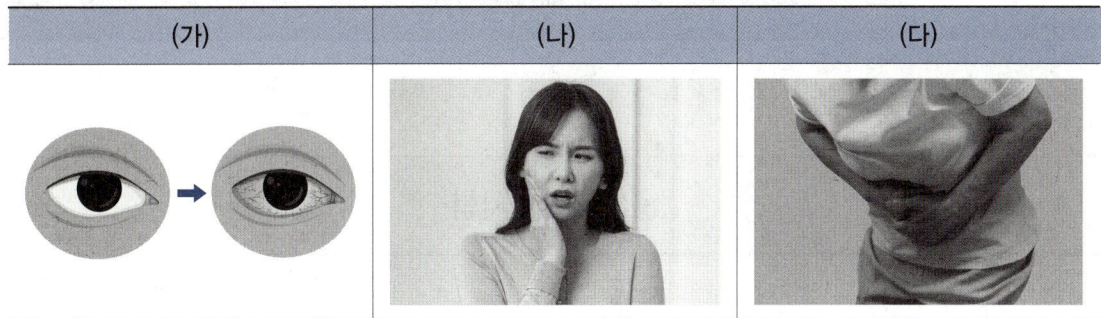

가. (가)는 어디가 아파요? 어느 병원에 가야 해요?
나. (나)는 어디가 아파요? 어느 병원에 가야 해요?
다. (다)는 어디가 아파요? 어느 병원에 가야 해요?

25 긴급 재난 문자를 친구에게 설명하시오.

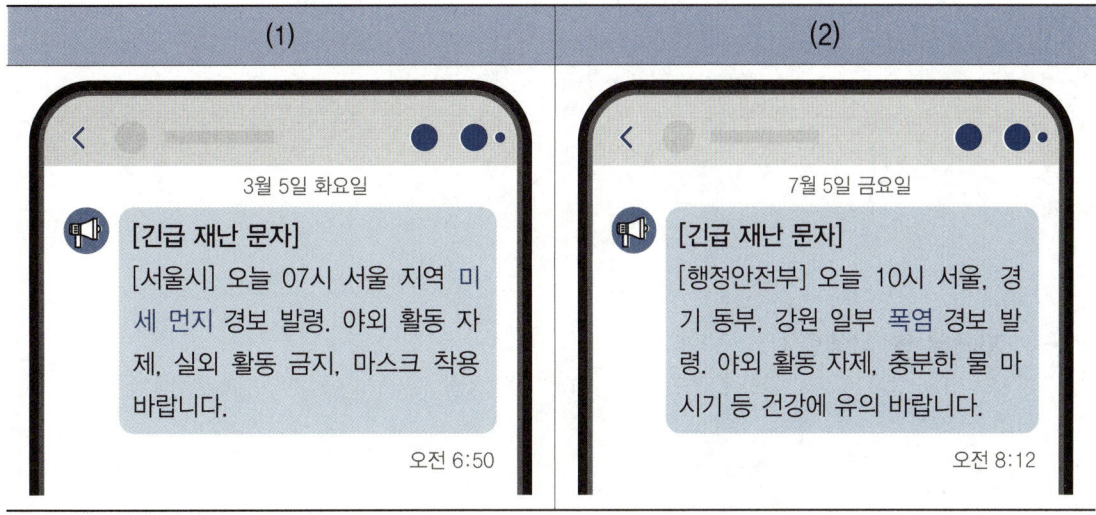

1단계 제2회 실전 모의고사

필기시험

시험 시간 30분 | 정답 및 해설 p.160

[01-02] 다음 질문에 답하시오.

01 이 사람은 지금 뭐 해요?

① 일을 해요. ② 차를 마셔요.
③ 친구를 만나요. ④ 텔레비전을 봐요.

02 지금은 몇 시예요?

① 네 시예요. ② 네 시 십 분이에요.
③ 네 시 오십 분이에요. ④ 네 시 십 분 전이에요.

[03-04] 다음 (   )에 들어갈 가장 알맞은 것을 고르시오.

03

가: (   )이/가 어떻게 되십니까?
나: 저는 김영호입니다.

① 연세 ② 성함
③ 생신 ④ 말씀

04

가: 여기요, 커피 한 (   ) 주세요.
나: 네, 잠시만 기다리세요.

① 대 ② 명
③ 잔 ④ 장

[05-07] 다음 (   )에 들어갈 가장 알맞은 것을 고르시오.

05

운동장(   ) 자전거를 타요.

① 을 ② 에
③ 부터 ④ 에서

06

한국어는 (   ) 재미있어요.

① 어렵고 ② 어렵지만
③ 어려워서 ④ 어려웠고

07

눈이 (   ) 안과에 갔어요.

① 아파서 ② 아프러
③ 아프면 ④ 아프고

[08-10] 다음 (   )에 들어갈 가장 알맞은 것을 고르시오.

08
가: 할머니는 뭐 하세요?
나: 방에서 (   ).

① 계세요
② 드리세요
③ 주무세요
④ 여쭤보세요

09
가: 생일 파티가 몇 시에 시작해요?
나: 7시에 시작해요. 빨리 (   ).

① 오세요
② 옵니다
③ 올 거예요
④ 오고 싶어요

10
가: 우리 가족은 열세 명이에요.
나: 와, 가족이 정말 (   ).

① 많나요
② 많네요
③ 많았어요
④ 많을 거예요

[11-13] 다음을 읽고 ( )에 들어갈 가장 알맞은 것을 고르시오.

11

제 방에는 침대가 있어요. 그리고 책상과 의자도 있어요. 하지만 (　　　　). 텔레비전은 거실에 있어요.

① 침대가 있어요
② 침대가 없어요
③ 텔레비전이 있어요
④ 텔레비전이 없어요

12

등산 안내문

취사 금지! (　　　　).
야영 금지! 캠핑을 하지 마세요.
수영 금지! 수영을 하지 마세요.
쓰레기 투기 금지! 쓰레기를 버리지 마세요.

① 음식을 사지 마세요
② 음식을 만들지 마세요
③ 음식을 버리지 마세요
④ 음식을 가져오지 마세요

13

후엔 씨는 (　　　　). 그래서 매일 공원에 가요. 공원에서 운동을 해요. 그리고 후엔 씨는 기타도 좋아해요. 그래서 주말마다 문화 센터에 가요. 문화 센터에서 기타를 배워요.

① 운동을 좋아해요
② 운동을 싫어해요
③ 운동이 재미없어요
④ 운동을 배울 거예요

[14-16] 다음을 읽고 질문에 답하시오.

14 다음 글의 내용과 <u>다른</u> 것은?

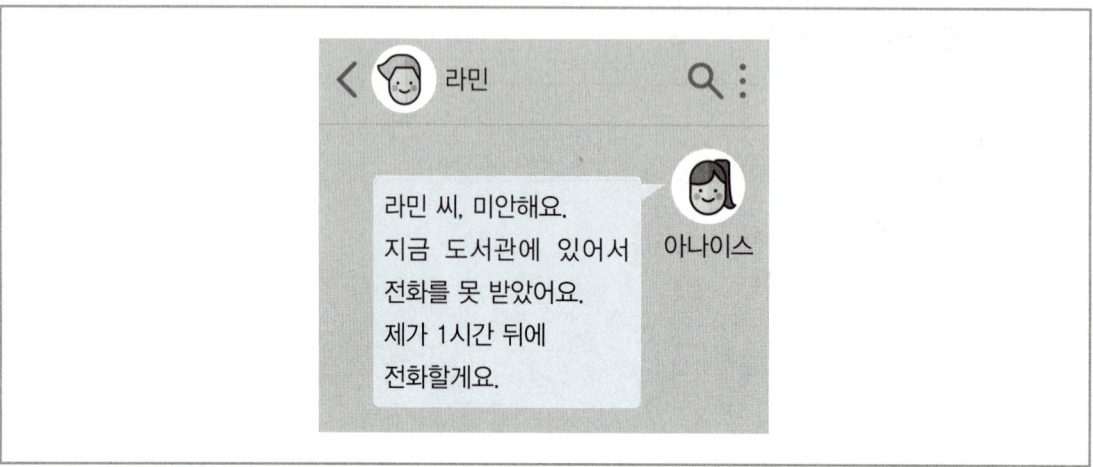

① 아나이스 씨는 지금 도서관에 있습니다.
② 라민 씨는 아나이스 씨에게 전화를 했습니다.
③ 아나이스 씨는 1시간 후에 라민 씨에게 전화할 겁니다.
④ 라민 씨는 1시간 후에 아나이스 씨에게 전화할 겁니다.

15 다음 글의 내용과 같은 것은?

> 제 남편은 요리를 잘해서 주말마다 음식을 만들어 줍니다. 특히 김치찌개를 잘 만듭니다. 남편의 김치찌개는 아이들이 정말 좋아합니다. 저도 빨리 한국 요리를 배우고 싶습니다. 그래서 가족에게 한국 음식을 만들어 주고 싶습니다.

① 남편은 김치찌개를 먹습니다.
② 저는 한국 음식을 잘 만듭니다.
③ 주말에는 남편이 요리를 합니다.
④ 저는 요즘 요리를 배우고 있습니다.

16 다음 글의 내용과 <u>다른</u> 것은?

> 한국의 사계절 중, 9월부터 11월까지는 가을입니다. 가을에는 낮은 덥지만 아침과 저녁은 쌀쌀합니다. 단풍이 매우 아름다운 계절이라서 이 계절에는 단풍을 보러 등산을 하는 사람이 많습니다. 그리고 12월부터 2월까지는 겨울입니다. 겨울에는 바람이 강하게 불고 춥습니다. 눈이 오는 계절이라서 이 계절에는 눈썰매나 스키를 타는 사람이 많습니다.

① 가을에 산에 갑니다.
② 겨울에 등산을 합니다.
③ 가을에 단풍을 봅니다.
④ 겨울에 눈썰매를 탑니다.

[17-20] 다음 질문에 답하시오.

17 한국의 동전 중에서 금액이 가장 큰 것은?

① 10원
② 50원
③ 100원
④ 500원

18 기관의 이름과 전화번호의 연결이 맞지 <u>않는</u> 것은?

① 소방서: 119
② 경찰서: 112
③ 출입국사무소: 110
④ 외국인종합안내센터: 1345

19 교통 약자가 <u>아닌</u> 사람은?

① 나이가 많은 노인
② 임신을 한 여자
③ 버스에 탄 대학생
④ 장애가 있는 사람

20 한국 사람이 보통 하루에 일하는 시간은?

① 8시간
② 15시간
③ 24시간
④ 52시간

구술시험

21-22

한국에는 시내버스, 광역 버스, 시외버스, 지하철, 택시, 고속버스, 기차 등 많은 대중교통이 있습니다. 도시 안에서 이동할 때는 시내버스, 지하철, 택시를 탑니다. 도시에서 가까운 곳으로 갈 때는 광역버스나 시외버스를 탑니다. 도시에서 먼 곳으로 갈 때는 기차나 고속버스를 탑니다. 한국에는 교통 카드가 있어서 버스, 지하철, 택시 등 대중교통을 편리하게 탈 수 있습니다.

21 위의 글을 소리 내어 읽으시오.

22 다음 질문에 답하시오.

　가. 한국의 대중교통 종류에는 무엇이 있어요?
　나. 도시 안에서 이동할 때는 무엇을 이용해요?
　다. 도시에서 먼 곳으로 이동할 때는 무엇을 이용해요?

23 다음 질문에 답하시오.

　가. 한국에서는 주로 어떤 교통수단을 이용해요?
　나. 고향에서는 주로 어떤 교통수단을 이용해요?
　다. 고향에서는 도시에서 먼 곳으로 이동할 때 주로 어떤 교통수단을 이용해요?

24 다음 그림을 보고 질문에 답하시오.

(가)	(나)
안젤라/필리핀/회사원	이링/중국/판매원

가. (가)는 이름이 뭐예요? 그리고 (나)는 이름이 뭐예요?
나. (가)는 어느 나라 사람이에요? (나)는 어느 나라 사람이에요?
다. (가)는 직업이 뭐예요? (나)는 직업이 뭐예요?

25 마트의 직원과 손님이 되어 물건을 계산하고 구입하는 대화를 하시오.

(1)	(2)
• 물건: 우유, 아이스크림, 과자 • 위치: 과자 오른쪽, 과자 앞 • 가격: 1,000원, 3,000원, 5,000원	• 물건: 바나나, 고기, 사과 • 위치: 사과 왼쪽, 사과 아래 • 가격: 4,000원, 10,000원, 7,000원

2단계 제1회 실전 모의고사

필기시험

시험 시간 30분 | 정답 및 해설 p.169

[01-04] 다음 (　)에 들어갈 가장 알맞은 것을 고르시오.

01 (　　　)이/가 초록불로 바뀌면 길을 건너세요.
① 육교　　　　　　② 신호등
③ 사거리　　　　　④ 횡단보도

02 그 식당은 (　　　) 손님이 많아서 자리가 없어요.
① 꼭　　　　　　　② 항상
③ 혹시　　　　　　④ 별로

03 제 고향은 경치가 (　　　) 곳이라서 여행을 오는 사람들이 많아요.
① 오래된　　　　　② 편리한
③ 재미있는　　　　④ 아름다운

04 저는 청소기를 돌릴 테니까 잠시드 씨는 물건을 (　　　).
① 개어 주세요　　　② 널어 주세요
③ 닦아 주세요　　　④ 치워 주세요

[05-07] 다음 (   )에 들어갈 가장 알맞은 것을 고르시오.

05

가: 우리 반에서 누가 제일 집이 멀어요?
나: 집이 가장 (   ) 사람은 후엔 씨예요. 학교에서 집까지 1시간 걸려요.

① 먼
② 머는
③ 멀은
④ 멀었을

06

가: 지난 주말에 뭐 했어요?
나: 지난 주말에 친구를 (   ) 영화를 봤어요.

① 만나고
② 만나서
③ 만났으면
④ 만나니까

07

가: 한국어를 (   ) 어떻게 해야 돼요?
나: 한국 드라마를 많이 보세요.

① 잘하려면
② 잘하면서
③ 잘하니까
④ 잘하는데

[08-10] 다음 밑줄 친 부분이 틀린 것을 고르시오.

08
① 이 음식은 너무 매워서 <u>먹을 수 없어요</u>.
② 저는 한국어로 적힌 책을 <u>읽을 수 있어요</u>.
③ 이번 주말에는 약속이 있어서 <u>만날 수 없어요</u>.
④ 한국 친구한테 요리를 배워서 불고기를 <u>만들을 수 있어요</u>.

09
① 할머니께 반말을 <u>한 적이 있어요</u>.
② 남편하고 설악산에 <u>간 적이 있어요</u>.
③ 처음 간 도시에서 밤거리를 <u>걷은 적이 있어요</u>.
④ 지하철에서 졸다가 가방을 <u>잃어버린 적이 있어요</u>.

10
① 내일은 공항에 가야 해요. 고향 가족들이 한국에 <u>오거든요</u>.
② 저는 노래하는 것을 좋아해요. 노래를 하면 기분이 <u>좋거든요</u>.
③ 지금 밥을 먹을 수 없어요. 잠시 후에 중요한 회의가 <u>있거든요</u>.
④ 저는 저녁에 커피를 안 마셔요. 커피를 마시면 잠을 <u>못 잤거든요</u>.

[11-13] 다음을 읽고 ( )에 들어갈 가장 알맞은 것을 고르시오.

11

이 옷은 우리 회사의 작업복입니다. 우리는 작업복으로 티셔츠, 바지, 조끼를 입습니다. 티셔츠와 바지는 시원하고 아주 편합니다. 땀도 빨리 마릅니다. 조끼는 주머니가 많습니다. 그래서 (   ).

① 가방을 샀습니다
② 작업할 때 불편합니다
③ 바지에도 주머니가 많습니다
④ 필요한 물건을 넣을 수 있습니다

12

오늘은 고향 친구와 같이 집 근처 맛집으로 유명한 식당에 갔습니다. 식당에는 손님이 많아서 자리가 없었습니다. 줄을 서서 기다리는 사람도 있었습니다. 그래서 우리도 기다리기로 했습니다. 20분 정도 (   ).

① 음식을 먹을 수 있었습니다
② 메뉴를 주문할 수 있었습니다
③ 스마트폰으로 검색해 봤습니다
④ 기다린 다음에 들어갈 수 있었습니다

13

| 답장 | 전체답장 | 전달 | 삭제 |

☆ 오랜만이야. 잘 지내지?

▼ 보내는 사람: 무민
　 받는 사람: 라흐만

라흐만, 오랜만이야. 잘 지내지?
내가 회사를 그만두고 부산으로 가면서 연락을 자주 못 했지? 미안해. 새로운 회사에 들어가자마자 일이 많아서 아주 바빴어. 처음 부산에 왔을 때 부산 사람들의 말을 이해하지 못해서 (　　　　). 그런데 지금은 회사 동료들이 많이 도와줘서 친구도 많이 사귀었어. 너는 아직 부산에 안 와 봤지? 시간이 있을 때 부산으로 놀러 와.

무민 씀

① 정말 좋았어　　　　　　　② 많이 피곤했어
③ 답답하고 힘들었어　　　　④ 화가 나고 걱정됐어

[14-16] 다음을 읽고 질문에 답하시오.

14 우체국의 은행 서비스에 대한 설명으로 옳은 것은?

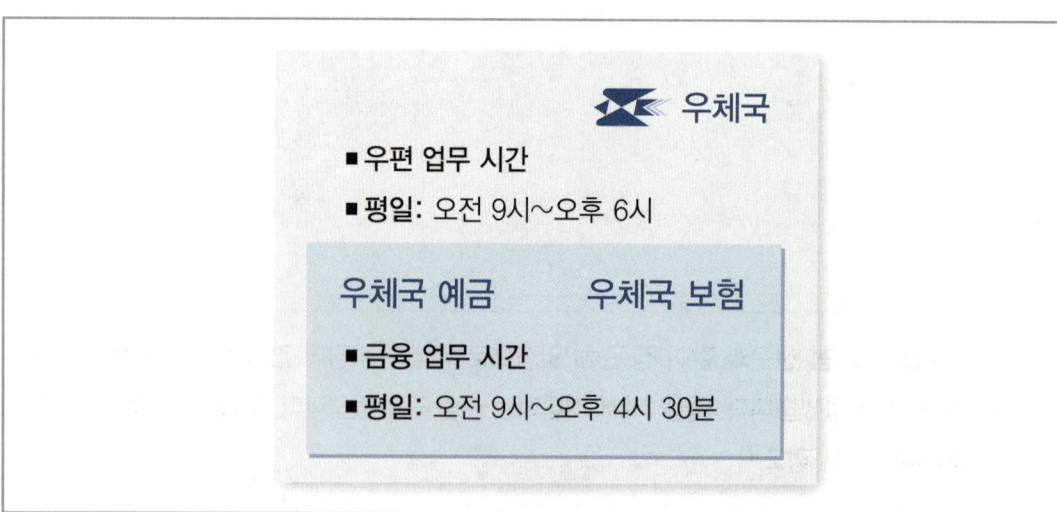

① 주말에도 갈 수 있습니다.
② 오후 6시 이후에 가야 됩니다.
③ 오후 4시 반 전에 가야 됩니다.
④ 평일에는 돈을 찾을 수 없습니다.

15 축제가 열리는 날은?

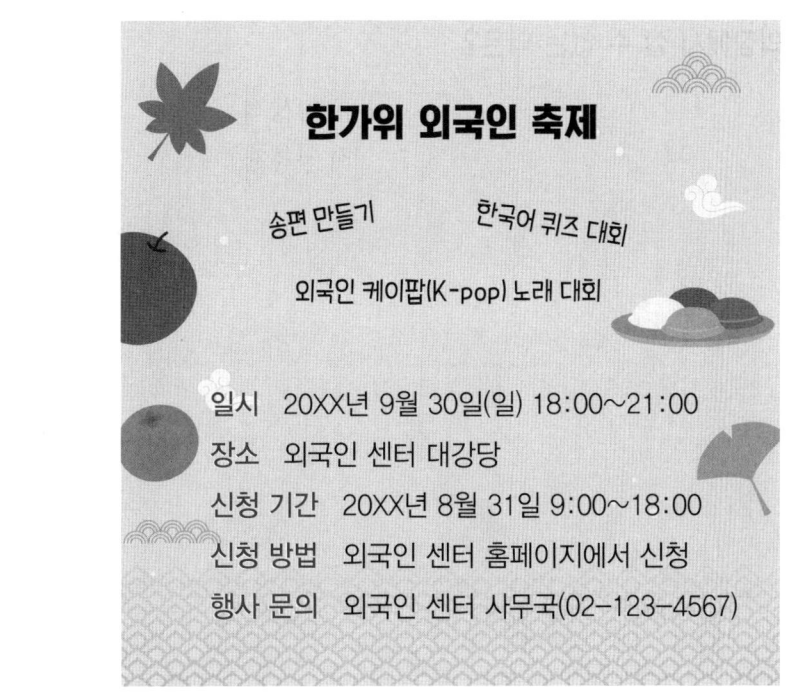

① 설날에 하는 축제
② 추석에 하는 축제
③ 세계인의 날에 하는 축제
④ 정월 대보름에 하는 축제

16 글쓴이가 당황한 이유는?

> 저는 며칠 전 은행에 갔었습니다. 그날 부모님께 돈도 보내고 공과금도 납부해야 했습니다. 그런데 저는 좀 당황했습니다. 은행에서 돈을 출금해 본 적은 있지만 이렇게 복잡한 일을 하러 간 적은 처음이었습니다. 그러나 친절한 직원의 도움으로 어렵지 않게 부모님께 돈을 보낼 수 있었습니다. 그리고 ATM에서 공과금도 납부할 수 있었습니다.

① 환전은 처음 해 봤기 때문에
② 은행에 처음 가 봤기 때문에
③ 돈을 처음 찾아 봤기 때문에
④ 송금과 공과금 납부는 처음 해 봤기 때문에

[17-20] 다음 질문에 답하시오.

17 한국의 편의점에서 살 수 <u>없는</u> 약은?

① 파스　　　　　　　　② 항생제
③ 해열제　　　　　　　④ 진통제

18 다음 중 '조심하세요'를 의미하는 교통 표지판이 <u>아닌</u> 것은?

①
②
③
④

19 휴일지킴이 약국에 대한 설명으로 옳은 것은?

① 홈페이지에서 약 정보는 검색되지 않습니다.
② 휴일지킴이 약국은 일요일에 문을 안 엽니다.
③ 휴일지킴이 약국에서는 감기약만 살 수 있습니다.
④ 홈페이지에서 휴일지킴이 약국을 찾을 수 있습니다.

20 배달 앱(App)에 대한 설명으로 옳은 것은?

① 배달 앱을 이용하면 주문 방법이 불편합니다.
② 식당에서 메뉴를 선택한 다음 직원을 불러서 주문합니다.
③ 배달 앱을 이용하려면 계산을 먼저 해야 주문이 가능합니다.
④ 한국 사람들은 음식을 배달시킬 때 배달 앱을 자주 이용합니다.

구술시험

시험 시간 10분 | 정답 및 해설 p.174

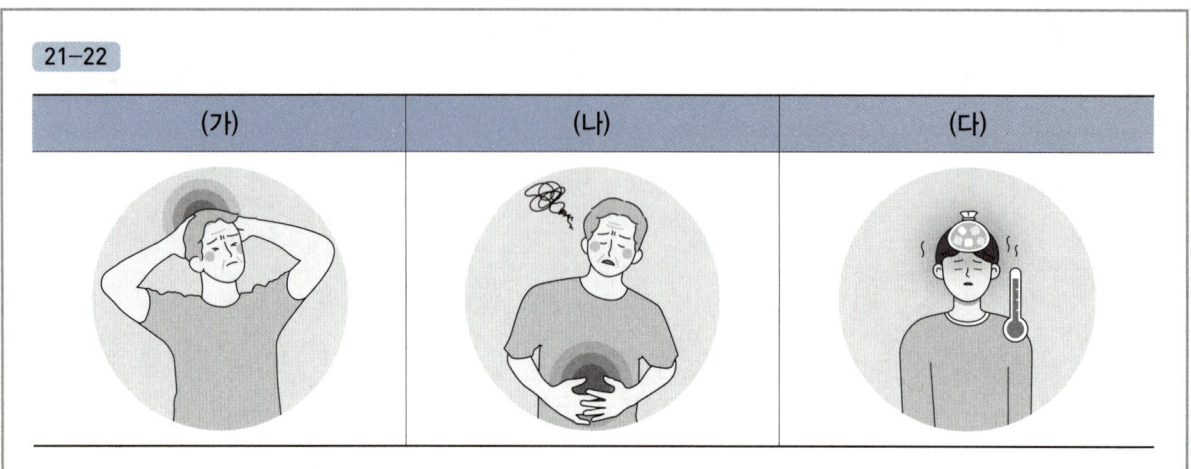

21 다음 질문에 답하시오.

　가. (가)는 어디가 아파요?
　나. (나)는 어디가 아파요?
　다. (다)는 어디가 아파요?

22 다음 질문에 답하시오.

　가. (가)는 무슨 약이 필요해요?
　나. (나)는 무슨 약이 필요해요?
　다. (다)는 무슨 약이 필요해요?

23 다음 질문에 답하시오.

　가. _____ 씨는 아픈 적이 있어요? 어디가 아팠어요? 그래서 어떻게 했어요?
　나. 한국은 어디에서 약을 살 수 있어요?
　다. 고향은 어디에서 약을 살 수 있어요?

24 다음 질문에 답하시오.

가. 한국은 쓰레기를 어떻게 버려요?
나. 한국은 음식물 쓰레기를 어떻게 버려요?
다. 고향은 쓰레기를 어떻게 버려요?

25 옷 가게 직원과 손님이 되어 대화하시오.

(1)	(2)
• 결혼식	• 학부모 모임
• 정장 바지	• 재킷
• 허리가 작다	• 사이즈가 너무 크다
• 더 큰 사이즈	• 더 작은 사이즈

2단계 제2회 실전 모의고사

필기시험

시험 시간 30분 | 정답 및 해설 p.179

[01–04] 다음 (   )에 들어갈 가장 알맞은 것을 고르시오.

01 이 식당은 요리와 함께 먹는 (   )이/가 많이 나와서 좋아요.
① 맛집　　　　　　　　　② 가격
③ 밑반찬　　　　　　　　④ 분위기

02 왼쪽으로 돌아서 (   ) 가면 시청이 있습니다.
① 쭉　　　　　　　　　　② 별로
③ 아직　　　　　　　　　④ 특히

03 자기 전에 따뜻한 물로 샤워하고 (   ) 음악을 들으면 푹 잘 수 있어요.
① 슬픈　　　　　　　　　② 편안한
③ 신나는　　　　　　　　④ 시끄러운

04 외국인을 위한 한가위 축제는 한국에 (   ) 외국인이면 누구나 참여 가능합니다.
① 이용하는　　　　　　　② 참석하는
③ 출금하는　　　　　　　④ 거주하는

118 · PART 2 실전 모의고사

[05-07] 다음 (   )에 들어갈 가장 알맞은 것을 고르시오.

05

가: 부엌에서 뭐 해요?
나: 저녁 모임 때 (   ) 음식을 만들고 있어요.

① 먹는 ② 먹은
③ 먹을 ④ 먹었을

06

가: 왜 오늘 쓰레기를 못 버려요?
나: 오늘은 쓰레기를 안 (   ) 못 버려요.

① 가져갈 때 ② 가져가려면
③ 가져가기 전에 ④ 가져가기 때문에

07

가: 명절에 뭐 했어요?
나: 가족들과 모여서 (   ) 놀았어요.

① 재미있고 ② 재미있는
③ 재미있을 ④ 재미있게

[08-10] 다음 밑줄 친 부분이 틀린 것을 고르시오.

08 ① 어제 마트에서 장을 보고 있어요.
② 친구는 회사 기숙사에 살고 있어요.
③ 저는 면세점에서 물건을 판매하고 있어요.
④ 지금 카센터에서 자동차를 고치고 있어요.

09 ① 이거 먹어 봐도 돼요?
② 여기 잠깐 누워 봐도 돼요?
③ 이 장난감은 친구에게 줘도 돼요?
④ 이거 예쁜데 한번 신어 봐도 돼요?

10 ① 이엠에스(EMS)는 외국에 보내는 거니까 영어로 쓰야 돼요.
② 명절에는 기차표를 구하기가 어려우니까 미리 예매해야 돼요.
③ 나라마다 달라서 어떤 나라는 여행을 갈 때 비자가 있어야 돼요.
④ 지금 3시 반이에요. 은행은 4시에 문을 닫으니까 빨리 가야 돼요.

[11-13] 다음을 읽고 ( )에 들어갈 가장 알맞은 것을 고르시오.

11

저는 지난 주말에 친구하고 집 근처에 있는 다산 공원에 다녀왔어요. 다산 공원은 나무와 꽃이 많기 때문에 사진을 찍으러 자주 가요. 공원은 아주 크고, 산책로도 잘 되어 있어서 (　　　).

① 걷기에 좋아요
② 등산하기에 좋아요
③ 사진 찍기에 좋아요
④ 차를 마시기에 좋아요

12

저는 회사에 갈 때 집 앞 버스 정류장에서 마을버스를 타요. 마을버스를 타고 만평시장까지 가요. 거기에서 지하철로 갈아타고 중앙역에서 내려요. 중앙역 1번 (　　　) 왼쪽으로 돌면 바로 회사가 보여요.

① 지나서
② 요금을 내고
③ 출구로 나가서
④ 안으로 들어가서

13

| 답장 | 전체답장 | 전달 | 삭제 |

☆ 다음 주 토요일에 우리 집에 일찍 와줄 수 있어요?

▼ 보내는 사람: 안젤라
　 받는 사람: 이링

이링 씨에게
다음 주 토요일에 제 생일 파티가 있는데, 혹시 일찍 와서 도와줄 수 있어요? 친구들이 많이 오는데, 준비할 게 많아서 좀 바쁠 것 같아요. 우리 집으로 (　　　　)을 알려줄게요. 호수 공원 알지요? 공원 앞에서 횡단보도를 건너면 편의점이 있는데 그 옆에 무궁화 아파트가 있어요. 그 아파트가 우리 집이에요. 아파트 앞에 오면 전화 주세요.

안젤라 씀

① 돌아오는 방법
② 찾아오는 방법
③ 내려가는 방법
④ 출발하는 방법

[14–16] 다음을 읽고 질문에 답하시오.

14 모집 안내문에 대한 설명으로 옳은 것은?

주민 센터 문화 강좌 수강생 모집

- 접수 기간: 매월 20일~마감 시
- 수강 대상: 지역 주민 누구나 가능
- 수강료: 5만 원(재료비 별도)
- 접수 방법: 방문 접수(평일 09:00~18:00) 또는 이메일 접수(sd123@gcf.or.kr)

강좌명	대상	시간	강의실	인원
요리 교실	성인	화, 목 9~11시	101호	15명
천연 비누 만들기	성인	수 14~15시	103호	15명
컴퓨터 (컴퓨터 활용 능력 자격증 과정)	중·고등학생	월~금 17~18시	105호	15명
요가	성인	월~금 20~21시	201호	15명

① 재료비는 무료입니다.
② 매달 20일까지 신청해야 합니다.
③ 강좌는 평일에만 들을 수 있습니다.
④ 어른도 컴퓨터 강좌를 들을 수 있습니다.

15 다음 글의 제목은?

> 먼저 떡을 씻고 어묵, 양파, 대파는 썰어서 재료를 준비합니다. 그 다음, 냄비에 물을 붓고 고추장과 간장, 설탕을 넣고 끓입니다. 만약 매운맛을 좋아하면 고추장을 더 넣고, 단맛을 좋아하면 설탕을 더 넣어도 됩니다. 물이 끓으면 떡과 어묵, 양파, 대파를 넣고 잘 저어서 끓여 줍니다.

① 떡국을 만드는 방법
② 떡볶이를 만드는 방법
③ 떡갈비를 만드는 방법
④ 어묵볶음을 만드는 방법

16 시내가 한산한 이유는?

> 어제는 한국에서 처음 보내는 설날이었어요. 설날에는 회사도 쉬고 많은 사람이 가족과 시간을 보내기 때문에 시내는 한산했어요. 외국 친구들과 함께 제 고향 음식을 먹으러 가기로 해서 시내에 있는 고향 음식점에 갔어요. 오랜만에 고향 음식을 맛있게 먹었어요. 밥을 먹은 다음에는 친구들과 쇼핑도 하고 노래방에 가서 노래도 부르며 즐거운 설날을 보냈어요.

① 회사가 쉬기 때문에
② 한국의 명절이기 때문에
③ 한국 사람들이 바쁘기 때문에
④ 모두 고향 음식점에 갔기 때문에

[17-20] 다음 질문에 답하시오.

17 한국에서 주소를 쓸 때 가장 먼저 써야 하는 것은?

① 도로명　　　　　　　② 건물 이름
③ 건물 번호　　　　　　④ 도시 이름

18 추석에 하는 일이 아닌 것은?

① 성묘를 하다　　　　　② 소원을 빌다
③ 부럼을 깨물다　　　　④ 차례를 지내다

19 이모티콘에 대한 설명으로 옳은 것은?

① 문자를 보낼 때는 이모티콘만 보냅니다.
② 기분이나 감정을 잘 전달할 수 있습니다.
③ 모든 나라가 같은 이모티콘을 사용합니다.
④ 이모티콘을 함께 보내면 이해하기 어렵습니다.

20 한국 회사의 직위에 대한 설명으로 옳은 것은?

① 회사에는 직위가 1개 있습니다.
② 과장보다 높은 직위는 대리, 부장, 이사, 사장입니다.
③ 대체로 능력을 인정받으면 단계적으로 승진을 합니다.
④ 회사에 입사한 후 보통 1~2년이 지나야 사원이 됩니다.

구술시험

시험 시간 10분 | 정답 및 해설 p.184

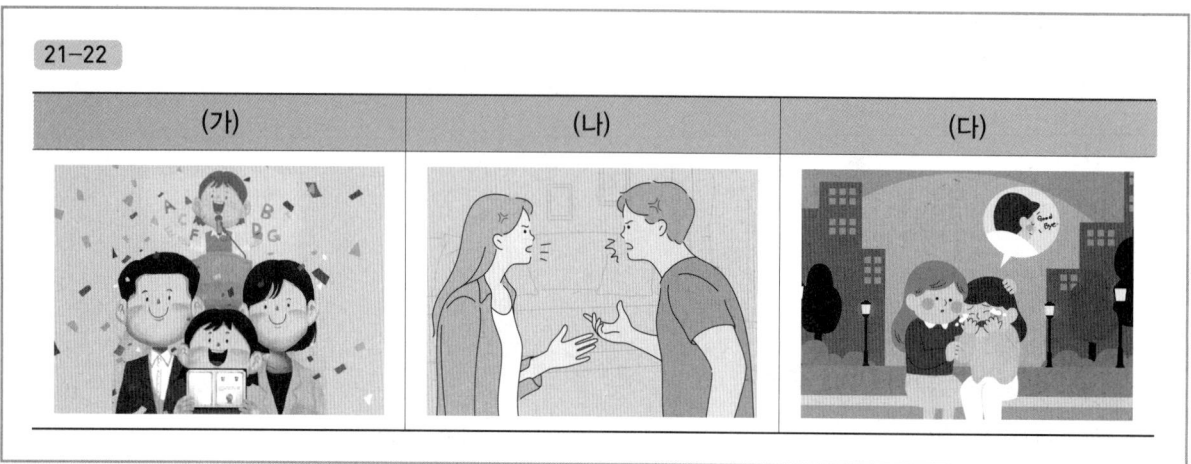

21 다음 질문에 답하시오.

가. (가)는 기분이 어때요?
나. (나)는 기분이 어때요?
다. (다)는 기분이 어때요?

22 다음 질문에 답하시오.

가. 여러분은 무엇을 할 때(또는 어떨 때) 기분이 좋아요?
나. 여러분은 무엇을 할 때(또는 어떨 때) 기분이 안 좋아요?

23 다음 질문에 답하시오.

가. 기분이 좋을 때는 어떻게 해요?
나. 기분이 안 좋을 때는 어떻게 해요?
다. 지금 _____ 씨의 기분은 어때요?

24 다음 질문에 답하시오.

가. 한국에서는 새집으로 이사를 하면 무엇을 해요?

나. 왜 한국 사람들은 집들이에 갈 때 왜 휴지와 세제를 선물해요?

다. 고향에서는 다른 사람의 집에 갈 때 무엇을 선물해요?

25 건강과 관련된 고민을 말하고, 그 고민에 대해 조언하시오.

구분	(1)	(2)
고민	밤에 잘 못 자다. 잠을 충분히 자고 싶다.	소화가 안 되다. 속이 편안해지고 싶다.
조언	자기 전에 따뜻한 물로 샤워를 하다. 불면증에 좋다.	아침에 사과를 먹다. 소화에 좋다.

3단계 제1회 실전 모의고사

필기시험

시험 시간 30분 | 정답 및 해설 p.188

[01-04] 다음 (　)에 들어갈 가장 알맞은 것을 고르시오.

01 대인 관계의 기본은 서로 (　　　)을/를 잘 지키는 것이다.
① 편견　　　　　　② 공감
③ 예의　　　　　　④ 의도

02 어머니는 지난달부터 직장 생활과 육아를 (　　　) 있어서 정신없이 바빠요.
① 정리하고　　　　② 병행하고
③ 참여하고　　　　④ 신청하고

03 나는 (　　　) 성격이어서 누가 시키지 않은 일도 스스로 하는 편이다.
① 느긋한　　　　　② 내성적인
③ 적극적인　　　　④ 덜렁거리는

04 나는 집에서 회사까지 (　　　) 안 멀어서 늘 걸어 다닌다.
① 특히　　　　　　② 겨우
③ 아마　　　　　　④ 별로

[05-07] 다음 ( )에 들어갈 가장 알맞은 것을 고르시오.

05
가: 왜 이렇게 다쳤어요?
나: 계단을 ( ) 넘어졌어요.

① 내려오다가
② 내려오고 해서
③ 내려온 데다가
④ 내려오기 위해서

06
가: 지난번에 산 바지는 환불했어요?
나: 네, 바지가 ( ) 바로 환불했어요.

① 작다가
② 작아 가지고
③ 작은 데다가
④ 작았을 텐데

07
가: 한국어를 매일 공부해요?
나: 네, 저는 아무리 ( ) 매일 2시간씩 공부해요.

① 힘들어도
② 힘들어서
③ 힘들고 해서
④ 힘들어 가지고

[08-09] 다음 밑줄 친 부분이 틀린 것을 고르시오.

08
① 한국은 <u>살을 만한</u> 나라예요.
② 아이가 우유를 <u>먹다가</u> 잠이 들었어요.
③ 이 식당은 분위기가 <u>좋아서 그런지</u> 사람이 많네요.
④ 그 회사는 월급이 <u>적은 대신에</u> 휴가가 많은 편이에요.

09
① 김치를 어떻게 <u>만드는지</u> 알아요.
② 과일값이 작년보다 많이 <u>비싸졌어요</u>.
③ 싼 가격에 표를 구하려면 미리 <u>예약하면 돼요</u>.
④ 이번 주말은 피곤하고 해서 집에서 푹 쉴 거예요.

[10-11] 다음 (   )에 들어갈 가장 알맞은 것을 고르시오.

10
가: 여기에서 공항까지 어떻게 (   )?
나: 몰라요. 검색해 보세요.

① 가잖아요   ② 가거든요
③ 갈 만해요   ④ 가는지 알아요

11
가: 다음 주에 고향에 가지요? 비행기 표는 예매했어요?
나: 네, 지난주에 미리 (   ).

① 사면 돼요   ② 사 놓았어요
③ 사는지 알아요   ④ 사려던 참이에요

[12-13] 다음을 읽고 ( )에 들어갈 가장 알맞은 것을 고르시오.

12

명절 후유증이란 명절 동안 과도한 가사 업무나 장거리 운전 등의 스트레스 때문에 피로감, 소화 불량, 두통 등 몸 건강이나 정신 건강에 생긴 문제를 말한다. 이런 (　　　　) 명절 음식을 준비하거나 운전을 할 때 자주 휴식을 취하고 가벼운 스트레칭을 하면 증상을 낮추는 데 도움이 된다.

① 명절을 보내려면
② 스트레스가 쌓이게 하려면
③ 갈등을 해소하기 위해서는
④ 후유증을 예방하기 위해서는

13

저는 한국에 온 지 10년이 된 이민자입니다. 한국 생활 중 가장 어려웠던 점은 한국 사람들이 나에게 너무 (　　　　). 특히 친하지 않은데 나이나 가족 관계 등을 물어보는 것이 처음에는 이해하기 어려웠습니다. 하지만 지금은 친해지고 싶다는 관심의 표현이라는 것을 압니다.

① 모르는 것이었습니다
② 알지 못하는 것이었습니다
③ 대화를 잘하는 것이었습니다
④ 개인적인 질문을 하는 것이었습니다

[14-16] 다음을 읽고 질문에 답하시오.

14 다음 중 교환 및 환불을 받을 수 있는 사람은?

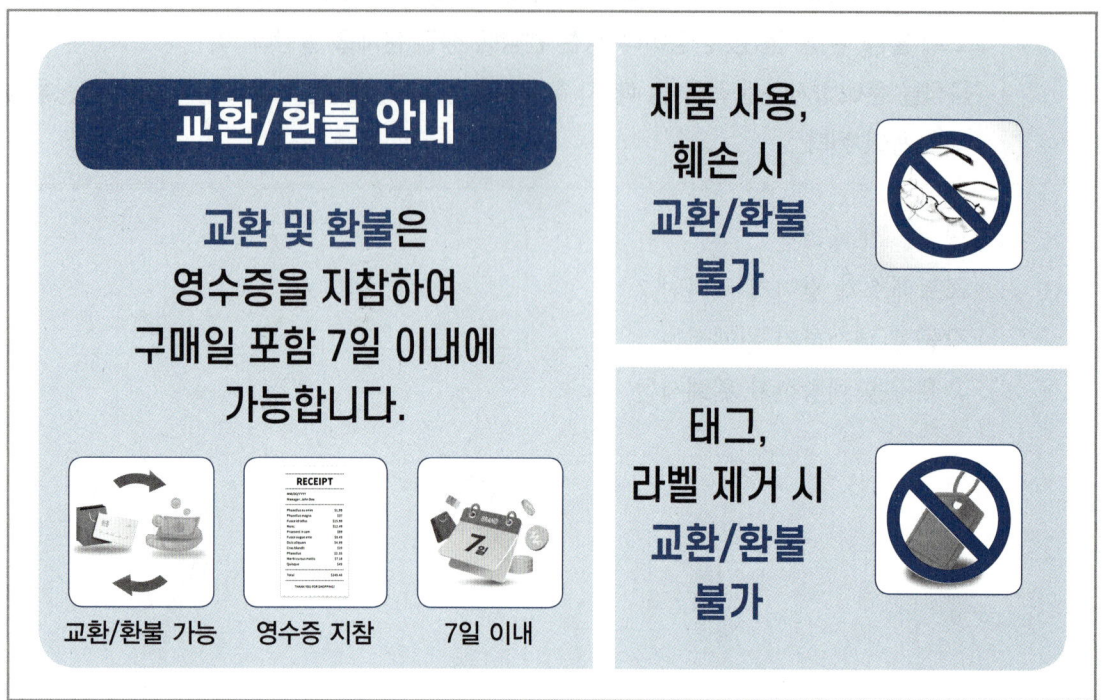

① 제품을 쓴 사람
② 제품을 잃어버린 사람
③ 제품의 태그가 없는 사람
④ 영수증을 가지고 구입한 날에 온 사람

15 다음 글의 내용과 <u>다른</u> 것은?

봄맞이 수강생 모집

비누 만들기	초급 요가	한식 배우기	주부 노래 교실
월, 수 10:00~10:50	화, 목 9:00~9:50	목 19:00~21:00	금 14:00~15:30
참가비: 2만 원	참가비: 5만 원	참가비: 7만 원	참가비: 무료

- **강좌 기간**: 3/12(월)~5/28(목)
- **접수 기간**: 3월 개강 전까지 선착순 사전 접수
- **방문 접수**: 평일 오전 9시~18시
- **접수처**: 행복 문화 센터 2층

– 접수 문의: 010-1234-5678

※ 강좌를 2개 이상 신청할 경우, 전체 참가비에서 10% 할인

① 모든 강좌는 참가비를 내야 한다.
② 요가 강좌는 일주일에 두 번 있다.
③ 강좌를 신청하려면 센터로 직접 가야 한다.
④ 비누 만들기와 한식 배우기 강좌를 모두 신청하면 81,000원이다.

16 다음 글의 내용과 <u>다른</u> 것은?

외국인 영어 교사를 모십니다!

- 모집 분야: 방과 후 영어 교사
- 모집 인원: 2명
- 지원 자격: 대졸(영어 교육 전공)
- 제출 서류: 이력서, 여권 사본

※ 궁금한 점은 시대중학교(02-123-4567)로 문의하세요.

① 뽑히면 중학교에서 근무하게 된다.
② 영어를 잘하는 한국인도 지원할 수 있다.
③ 지원할 때 이력서와 여권 사본을 제출해야 한다.
④ 대학교에서 영어 교육을 전공한 사람이어야 한다.

[17-20] 다음 질문에 답하시오.

17 음식의 소비 기한을 가장 잘 설명한 것은?

① 제품이 만들어진 날짜
② 제품을 먹을 수 있는 날짜
③ 소비자에게 팔 수 있는 날짜
④ 소비자가 보관할 수 있는 날짜

18 단오에 대한 설명으로 옳지 <u>않은</u> 것은?

① 보름달을 보고 소원을 빈다.
② 만물의 기운이 가장 강한 날이다.
③ 창포물에 머리를 감는 풍습이 있다.
④ 남자는 씨름을 하고, 여자는 그네를 탄다.

19 공유 주택(셰어 하우스)에 대한 설명으로 옳지 <u>않은</u> 것은?

① 계약 기간은 최소 2년이다.
② 월세나 생활비를 절약할 수 있다.
③ 각자의 독립된 공간도 가질 수 있다.
④ 거실과 주방 등의 공간을 다른 사람과 같이 사용한다.

20 동창회에 대한 설명으로 알맞은 것을 <u>모두</u> 고른 것은?

> ● 보기 ●
> ㄱ. 취미가 같은 사람들이 함께 즐긴다.
> ㄴ. 직장 생활을 잘하기 위해 만든 것이다.
> ㄷ. 같은 학교를 졸업한 사람들이 모여서 만든다.
> ㄹ. 송년회나 체육대회 같은 모임으로 친목을 도모한다.

① ㄱ, ㄴ
② ㄷ, ㄹ
③ ㄱ, ㄴ, ㄹ
④ ㄱ, ㄷ, ㄹ

구술시험

시험 시간 10분 | 정답 및 해설 p.192

> **21-22**
>
> 　전자 제품을 고장 없이 오래 사용할 수 있는 방법이 있다. 먼저 텔레비전은 내부에서 생기는 열을 잘 빼야 한다. 따라서 텔레비전을 벽에 너무 가까이 설치하는 것보다 공간을 두고 여유 있게 설치하는 것이 좋다. 다음으로 세탁기는 빨래를 많이 넣으면 고장이 빨리 나기 때문에 세탁물의 용량을 잘 지켜야 한다. 그리고 세탁 후에는 문을 열어 내부를 건조해 주는 것이 좋다. 마지막으로 냉장고 문을 자주 열고 닫으면 수명이 짧아진다. 또한 내부가 가득 차면 고장 나기 쉽기 때문에 정기적으로 냉장고를 정리하는 것이 좋다.

21 다음 질문에 답하시오.

　가. 텔레비전을 오래 사용하는 방법은 무엇인가요?
　나. 세탁기를 오래 사용하는 방법은 무엇인가요?
　다. 냉장고를 오래 사용하는 방법은 무엇인가요?

22 다음 질문에 답하시오.

　가. 텔레비전 내부의 열이 잘 빠지기 위해서는 어떻게 설치해야 하나요?
　나. 세탁기를 사용한 후에는 어떻게 해야 하나요?
　다. 냉장고를 정기적으로 정리해야 하는 이유는 무엇인가요?

23 다음 질문에 답하시오.

　가. _____ 씨는 오래 사용하고 있는 전자 제품이 있어요? 어떻게 관리해요?
　나. _____ 씨는 전자 제품이 고장 나면 어떻게 해요?

24 다음 그림을 보고 질문에 답하시오.

가. 이 모임은 어떤 모임이에요?
나. 이 모임의 사람들은 서로 어떤 관계예요?
다. 여러분 고향에는 어떤 모임이 있어요?

25 부동산 중개인과 손님이 되어 집에 대해 문의하시오.

(1)	(2)
〈월세〉	〈전세〉

• 건물 형태: 오피스텔 원룸
• 보증금 500, 월세 40
• 구조: 방 1, 욕실 1, 부엌 1
• 특징
  – 남향
  – 지하철역 도보 5분
	• 건물 형태: 아파트
	• 보증금 7,000
	• 구조: 방 2, 욕실 1, 부엌 1
	• 특징
	  – 전망이 좋은 곳
	  – 근처에 지하철역, 버스 정류장이 있는 곳
	  – 근처에 편의점, 마트가 있는 곳

3단계 제2회 실전 모의고사

필기시험

시험 시간 30분 | 정답 및 해설 p.197

[01-04] 다음 (   )에 들어갈 가장 알맞은 것을 고르시오.

01 계절이 바뀔 때는 (   )이/가 커서 감기에 걸리기 쉽다.
① 영하 ② 온도
③ 고열 ④ 일교차

02 천장에서 물이 (   ) 집주인에게 연락했다.
① 와서 ② 새서
③ 막혀서 ④ 깨져서

03 요즘 여러 가지 문제로 머리가 (   ).
① 어렵다 ② 가볍다
③ 시원하다 ④ 복잡하다

04 지갑을 잃어버린 걸 알고 (   ) 은행에 전화해서 카드를 정지시켰다.
① 마침 ② 바로
③ 전혀 ④ 주로

[05-07] 다음 (   )에 들어갈 가장 알맞은 것을 고르시오.

05

가: 아침에 일어나서 가장 먼저 하는 일이 뭐예요?
나: 아침에 (   ) 10분 동안 스트레칭을 해요.

① 일어나도
② 일어날 텐데
③ 일어나자마자
④ 일어나서 그런지

06

가: 점심 먹으러 갈까요?
나: 저는 아침도 늦게 먹었고, 배도 안 (   ) 나중에 먹을래요.

① 고프다가
② 고프자마자
③ 고프고 해서
④ 고픈 대신에

07

가: 왜 그렇게 기분이 안 좋아 보여요?
나: 가족사진이 들어있는 지갑을 (   ) 속상해요.

① 잃어버려야
② 잃어버려도
③ 잃어버릴 텐데
④ 잃어버려 가지고

[08–09] 다음 밑줄 친 부분이 틀린 것을 고르시오.

08 ① 이력서는 미리 써 놓는 게 좋아요.
② 늦게 일어나자마자 회사에 지각했어요.
③ 새로운 회사에 들어가기 위해서 준비하고 있어요.
④ 아무리 식욕이 없어도 잘 먹어야 금방 나을 수 있어요.

09 ① 여름이라 그런지 날씨가 아주 더우네요.
② 학교까지 조금 멀지만 걸어 다닐 만해요.
③ 그 영상에 대한 비밀이 드디어 밝혀졌어요.
④ 어머니 생신 선물로 무엇이 좋을지 잘 모르겠어요.

[10–11] 다음 (   )에 들어갈 가장 알맞은 것을 고르시오.

10
가: 리키가 선생님께 뭘 여쭤봤어?
나: 시험을 몇 시에 (   ).

① 보라고 했어 ② 보자고 했어
③ 보냐고 했어 ④ 본다고 했어

11
가: 지금 뭐 해요?
나: 배가 고파서 라면을 (   ).

① 끓게 돼요 ② 끓고 있어요
③ 끓여 있어요 ④ 끓이고 있어요

[12-13] 다음을 읽고 (   )에 들어갈 가장 알맞은 것을 고르시오.

12

이번 달에 친구와 식당과 카페에 많이 가서 식비에만 80만 원을 썼다. 이번 휴가철에 여행을 가려고 했는데 생각보다 돈을 너무 많이 써서 (   ). 그래서 식비와 생활비를 줄일 수 있는 방법을 찾아봤다. 식당이나 카페에 갈 때는 할인 카드로 결제하고, 포인트와 쿠폰을 모아 사용하면 지금보다 비용이 적게 들 것이다. 그리고 매일 돈을 쓴 후에 가계부를 적으면 사용한 돈을 한눈에 볼 수 있어 식비와 생활비를 줄이는 데 도움이 될 것이다.

① 후회는 없다
② 걱정이 없다
③ 충동구매를 한다
④ 여행 비용이 부담스럽다

13

나는 매일 스마트폰을 사용한다. 스마트폰으로 필요한 정보도 검색하고, 고향 친구들과 에스엔에스(SNS)로 안부도 주고받는다. 그리고 한국어 공부를 할 때도 사용한다. 그런데 요즘 스마트폰을 너무 오래 봐서 그런지 눈이 아플 때가 있고, 자세도 안 좋아졌다. 또 밤에 유튜브 영상을 보느라 잠을 못 잘 때도 있다. 그래서 나는 (   ) 사용 시간을 정하고 자기 전에는 스마트폰을 끄기로 했다.

① 스마트폰에 집중하려고
② 새로운 스마트폰을 구입해서
③ 스마트폰에 의존할 뿐만 아니라
④ 스마트폰을 현명하게 사용하기 위해

[14-16] 다음을 읽고 질문에 답하시오.

14 다음 글의 내용과 <u>다른</u> 것은?

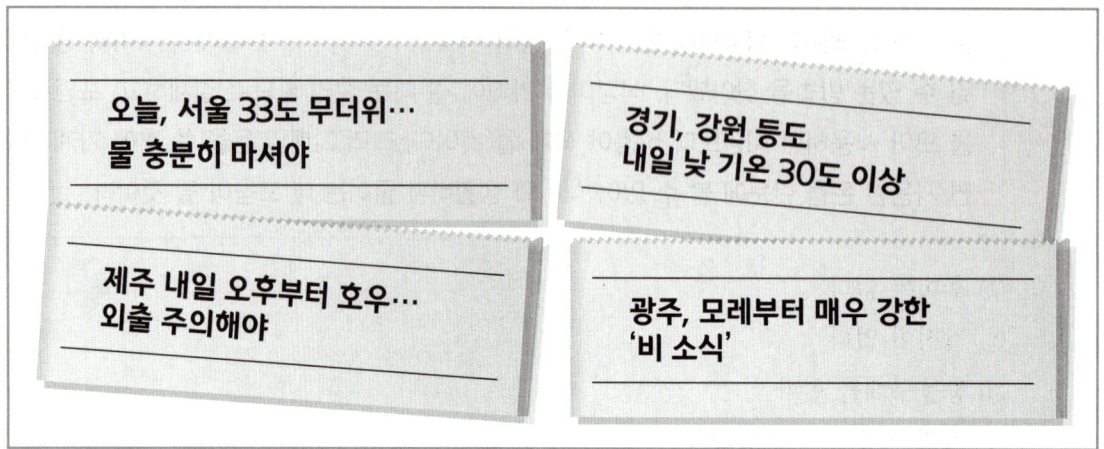

① 강원도는 내일 더울 것이다.
② 지금 한국의 계절은 여름이다.
③ 이틀 뒤 광주에는 큰비가 올 것이다.
④ 내일 제주도는 외출하기 좋은 날씨다.

15 다음 내용과 <u>다른</u> 것은?

아기 유모차를 판매합니다.

20만 원에 구매한 아기 유모차를 반값에 판매합니다. 사용한 지 6개월밖에 안 되었습니다. 오래 사용하지 않아서 제품이 깨끗합니다. 유모차 구매 시 서비스로 유아용 장난감도 드리겠습니다. 연락 주세요.

* 연락처: 010-1234-5678
* 구매 후 환불 불가능

① 유모차는 중고지만 깨끗하다.
② 유모차는 10만 원에 살 수 있다.
③ 유모차를 산 영수증이 있으면 환불받을 수 있다.
④ 유모차를 구매하면 장난감을 같이 받을 수 있다.

16 다음 내용과 다른 것은?

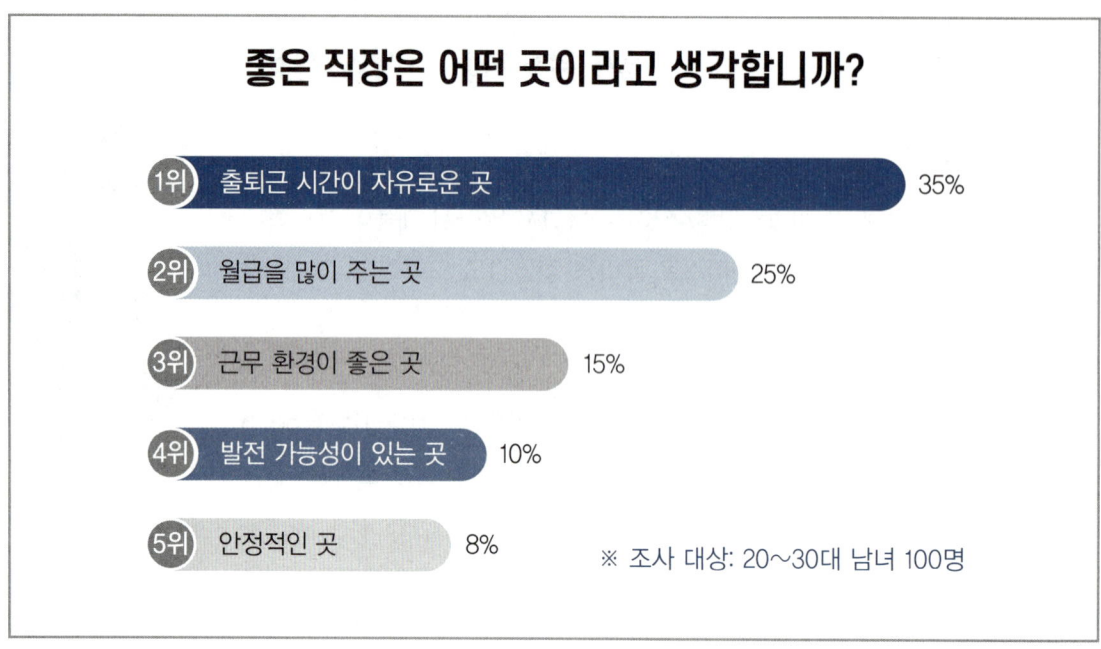

① 근무 환경보다 발전 가능성을 더 중요하게 생각한다.
② 20~30대의 남녀를 대상으로 좋은 직장의 조건을 조사했다.
③ 사람들은 안정적인 곳보다 월급을 많이 주는 곳을 선호한다.
④ 많은 사람이 생각하는 가장 좋은 직장은 출퇴근 시간이 자유로운 곳이다.

[17-20] 다음 질문에 답하시오.

17 한국의 절기에 대한 설명으로 옳지 <u>않은</u> 것은?

① 춘분은 1년 중 낮의 길이가 가장 긴 날이다.
② 동지는 1년 중 밤의 길이가 가장 긴 날이다.
③ 1년을 24개로 나누어 계절의 변화를 나타냈다.
④ 입춘에는 대문에 '입춘대길'을 붙이고 행복을 빌었다.

18 설날에 대한 설명으로 옳은 것은?

① 아이들은 어른들에게 덕담한다.
② 윷놀이는 아이들만 즐기는 놀이다.
③ 아이들은 세배하고 세뱃돈을 받는다.
④ 송편을 먹으면 나이도 한 살 더 먹는다.

19 소비자 상담 센터에 대한 설명으로 옳지 <u>않은</u> 것은?

① 소비자 상담을 받고 싶으면 국번 없이 1372로 전화하면 된다.
② 소비자 상담 센터는 점차 다른 기관들과 협력을 확대할 계획이다.
③ 소비자의 고충을 들어주고 피해를 구제받을 수 있도록 도와준다.
④ 정부 산하 기관인 한국소비자원에 피해 구제 신청을 대신해 준다.

20 급여에 대한 설명으로 알맞은 것을 <u>모두</u> 고른 것은?

— 보기 —
ㄱ. 기본급은 수당과 퇴직금을 포함한 모든 돈이다.
ㄴ. 급여는 보통 일주일에 한 번씩 은행 계좌를 통해 받는다.
ㄷ. 수당은 가족 수당, 초과 근무 수당, 상여 수당 등이 있다.
ㄹ. 계좌에 입금되는 돈은 실제 지급되는 월급과 차이가 있다.

① ㄱ, ㄴ
② ㄷ, ㄹ
③ ㄱ, ㄷ, ㄹ
④ ㄱ, ㄴ, ㄷ, ㄹ

구술시험

시험 시간 10분 | 정답 및 해설 p.202

21-22

저는 작년에 한국으로 와서 지금은 면세점에서 직원으로 일하고 있습니다. 제 고향은 중국 후난성입니다. 후난성은 중국의 남동쪽에 있고 여러 하천이 있어 경치가 정말 좋은 곳입니다. 후난성에는 장가계라는 곳이 있는데 영화 '아바타'의 촬영지로 유명합니다. 장가계에 가면 아름다운 호수와 오염되지 않은 깨끗한 자연 풍경을 볼 수 있습니다. 게다가 오래된 건축물도 많아서 중국의 옛날 문화를 느낄 수 있습니다.

21 다음 질문에 답하시오.

　가. 이 사람의 고향은 어디예요?
　나. 이 사람의 직업은 뭐예요?
　다. 이 사람은 언제 한국에 왔어요?

22 다음 질문에 답하시오.

　가. 이 사람의 고향은 어떤 곳이에요?
　나. 이 사람의 고향에서 유명한 곳은 어디예요?
　다. 그곳이 유명한 이유는 뭐예요?

23 다음 질문에 답하시오.

　가. 고향의 날씨는 어때요?
　나. 고향의 주변 환경은 어때요?
　다. 여러분의 고향에서 유명한 곳은 어디예요?

24 다음 사진을 보고 질문에 답하시오.

가. 한국의 무슨 명절이에요?
나. 사진 속의 사람들은 무엇을 하고 있어요?
다. 한국의 명절과 고향의 명절은 무엇이 달라요?

25 직원과 손님이 되어 전자 제품을 교환할 수 있는지 대화하시오.

전자 제품 교환 및 환불 규정

1) 박스를 개봉하거나 제품이 훼손되면 교환 및 환불이 불가능합니다.
2) 고객의 변심에 의한 환불은 제품 구매 후 7일 이내에 가능합니다.
3) 문제가 있는 제품을 구매했을 때 7일 이내에 서비스 센터에서 환불 및 교환 또는 A/S가 가능합니다. (단, 영수증 지참)
4) 교환 및 환불은 구매한 곳에서만 가능합니다.

PART 3
정답 및 해설

1단계 제1회 정답 및 해설
     제2회 정답 및 해설

2단계 제1회 정답 및 해설
     제2회 정답 및 해설

3단계 제1회 정답 및 해설
     제2회 정답 및 해설

학습 TIP 체크리스트 활용하기

체크리스트를 작성하면서 목표 시간 안에 시험을 완료했는지, 맞은 개수는 몇 개인지 확인해 봅시다. 체크리스트를 활용하여 모의고사를 풀어 본다면 실전에서도 두렵지 않을 겁니다.

1단계	제1회			
	시작 시간	___시 ___분	맞은 개수	____ / 20개
	종료 시간	___시 ___분	목표 시간	30분(필기시험)
	제2회			
	시작 시간	___시 ___분	맞은 개수	____ / 20개
	종료 시간	___시 ___분	목표 시간	30분(필기시험)
2단계	제1회			
	시작 시간	___시 ___분	맞은 개수	____ / 20개
	종료 시간	___시 ___분	목표 시간	30분(필기시험)
	제2회			
	시작 시간	___시 ___분	맞은 개수	____ / 20개
	종료 시간	___시 ___분	목표 시간	30분(필기시험)
3단계	제1회			
	시작 시간	___시 ___분	맞은 개수	____ / 20개
	종료 시간	___시 ___분	목표 시간	30분(필기시험)
	제2회			
	시작 시간	___시 ___분	맞은 개수	____ / 20개
	종료 시간	___시 ___분	목표 시간	30분(필기시험)

※ 이 책에 사용된 기호: V 동사, Verb, 动词 / A 형용사, Adjective, 形容詞 / N 명사, Noun, 名词

1단계 제1회 정답 및 해설

필기시험

01	02	03	04	05	06	07	08	09	10
②	④	①	①	③	①	②	①	②	④
11	12	13	14	15	16	17	18	19	20
④	③	①	②	③	③	①	③	①	④

01 정답 ②

그림 속의 사람은 책을 읽고 있으므로 '책을 읽어요'가 정답입니다.

Since the person in the picture is reading a book, the correct answer is "책을 읽어요."

02 정답 ④

달력의 날짜는 10월 31일입니다. 이는 '시월 삼십일일'이라고 읽습니다.

The date on the calendar is October 31, which is read as "시월 삼십일일."

03 정답 ①

한식집은 한국 음식을 만들어 파는 식당을 의미합니다. 선택지 중 한국 음식에는 '불고기'가 있습니다.

한식집 refers to a restaurant that serves Korean food. Among the options, "불고기" is a Korean dish.

04 정답 ①

사람의 수를 셀 때는 '명'이라고 합니다.

When counting people, the unit "명" is used.

05 정답 ③

N+하고: 둘 이상의 사물이나 사람을 같은 자격으로 이어 준다.

This grammar is used to connect two or more objects or people equally.

예 지혜하고 리키는 친한 친구다.

06 정답 ①

V+-(으)러 가다/오다/다니다: 가거나 오거나 하는 동작의 목적을 나타낼 때 사용한다.

This grammar is used to indicate the purpose of going, coming, or attending.

예 점심에 김밥을 먹으러 갈 거예요.

07 정답 ②

V/A+-지만: 앞에 오는 말을 인정하면서 그와 반대되거나 다른 사실을 더할 때 사용한다.

This grammar is used to acknowledge the preceding statement while adding an opposing or different fact.

예 아몬드는 건강에 좋지만 많이 먹으면 배가 아프기 때문에 조금만 드세요.

08 정답 ①

V/A+-아/어/해요: 어떤 사실을 설명하거나 질문, 명령, 권유할 때 사용한다.

This grammar is used for explanations, questions, commands, or suggestions.

예 날씨가 정말 좋아요.

09 정답 ②

V/A+-았/었/했-: 사건이 과거에 일어났음을 나타낼 때 사용한다.

This grammar is used to indicate that an event occurred in the past.

예 어제 라면을 먹었어요.

10 정답 ④

V+-(으)ㄹ 거예요: 미래에 할 행동과 의지를 나타낼 때 사용한다.

This grammar is used to express an intention or action that will take place in the future.

예 다음 주에 친구를 만날 거예요.

11 정답 ④

"할아버지는 선생님이셨습니다."라는 문장은 과거에 선생님이었지만 지금은 선생님이 아니라는 의미가 있습니다. 그러므로 앞 문장과 잘 어울리는 것은 '지금은 연세가 많아서 일은 하지 않으십니다.'입니다.

The sentence "Grandfather was a teacher." implies that he was a teacher in the past but no longer is. Therefore, the statement that fits well here is "Now he is old, so he no longer works."

12 정답 ③

빈칸 뒤에서 "바다에서 낚시도 하고, 수영도 할 겁니다."라고 하였으므로 뒤 문장과 잘 어울리는 것은 '바다에 갈 겁니다.'입니다.

Since the sentence afterwards states, "We will go fishing and swimming at the sea," the phrase that fits well in the blank is "We are going to the sea."

13 정답 ①

빈칸 뒤에서 딸이 (생일) 선물을 아주 좋아했다고 하였으므로 뒤 문장과 잘 어울리는 것은 '자전거를 샀어요.'입니다.

Since the following sentence states that the daughter liked the (birthday) present very much, the sentence that fits well is "We bought a bicycle."

14 정답 ②

제시된 표지판은 '금지' 표지판입니다. 금지는 법이나 규칙이나 명령 따위로 어떤 행위를 하지 못하도록 하는 것입니다. 카메라(사진기)에 금지 표시가 되어 있으므로 '사진을 찍지 마세요.'가 정답입니다.

The given sign is a "prohibition" sign, which means the forbidding certain actions by law, rules, or command. Since there is a no camera(photography) symbol, the correct answer is "Do not take photos."

더 공부하기 — 금지 표지판

금지는 법이나 규칙이나 명령으로 어떤 행위를 하지 못하게 하는 것을 의미합니다. 아래와 같은 표지판을 본다면 '이렇게 하지 마세요.'라는 의미를 가지고 있으니 주의해 주세요.

흡연 금지	주차 금지	사진 촬영 금지	음식 섭취 금지	휴대폰 사용 금지
담배를 피우지 마세요.	주차하지 마세요.	사진을 찍지 마세요.	음식을 먹지 마세요.	휴대폰을 사용하지 마세요.
취사 금지	야영 금지	수영 금지	낚시 금지	쓰레기 투기 금지
음식을 만들지 마세요.	캠핑을 하지 마세요.	수영을 하지 마세요.	낚시를 하지 마세요.	쓰레기를 버리지 마세요.

15 정답 ③

아들이 케이블카를 타고 싶어 했지만 다음에 케이블카를 타러 남산에 다시 오기로 약속하였으므로 '두 사람은 케이블카를 타러 갔습니다.'가 글의 내용과 다릅니다.

Although the son wanted to ride the cable car, they promised to come back to Namsan next time to ride it. Therefore, "The two people went to ride the cable car." does not match the content of the passage.

16 정답 ③

글쓴이는 평일은 학원에서 중국어를 가르치고, 주말은 센터에서 한국어를 공부하고 한국 요리를 배운다고 하였으므로 '저는 한국 회사에 다닙니다.'가 글의 내용과 다릅니다.

The writer mentioned that on weekdays, she teaches Chinese at an academy, and on weekends, She studies Korean and learns how to cook Korean food at a center. Therefore, "I work at a Korean company." does not match the content of the passage.

17 정답 ①

다른 사람에게 고마울 때 '감사합니다' 또는 '고맙습니다'라고 인사합니다.

When expressing gratitude to others, you can say "감사합니다" or "고맙습니다"(both meaning "Thank you").

18 정답 ③

① 폭우: 갑자기 세차게 쏟아지는 비
② 폭염: 매우 심한 더위
③ 폭설: 갑자기 많이 내리는 눈

① 폭우: Sudden and heavy rain
② 폭염: Extremely intense heat
③ 폭설: Sudden and heavy snow

19 정답 ①

① 개천절: 10월 3일

① National Foundation Day: October 3

20 정답 ④

④ 줄임말: 두 단어 이상으로 이루어진 말을 짧게 줄여서 만든 말

④ 줄임말: Words shortened by condensing two or more words into a single term

구술시험

> **21-22**
> 한국에서는 버스나 지하철에서 공공 예절을 지켜야 합니다. 버스나 지하철에는 교통 약자석이 있습니다. 그 좌석에는 어린이, 노인, 임산부, 장애가 있는 사람들이 앉습니다. 버스와 지하철에서는 음료수나 음식을 먹으면 안 됩니다. 그리고 큰 소리로 통화하면 안 됩니다. 공공장소에서는 공공 예절을 지키며 다른 사람을 배려해야 합니다.

21 위의 글을 소리 내어 읽으시오.
Read the above text aloud.

> **Tip** 발음의 정확성, 띄어 읽기, 속도 등에 유의하며 읽습니다.
> Pay attention to accuracy in pronunciation, proper pauses, and reading speed.

22 다음 질문에 답하시오.
Answer the following questions.

가. 버스나 지하철에서 무엇을 지켜야 해요?
What should you observe on the bus or subway?

예시답안
공공 예절을 지켜야 합니다.
You should observe public etiquette.

나. 교통 약자석에는 누가 앉아요?
Who should sit in priority seat?

예시답안
어린이, 노인, 임산부, 장애가 있는 사람들이 앉습니다.
Children, the elderly, pregnant women, and people with disabilities sit down.

다. 버스와 지하철에서는 무엇을 하면 안 돼요?
What should you not do on the bus and subway?

예시답안
음료수나 음식을 먹으면 안 됩니다. 그리고 큰 소리로 통화하면 안 됩니다.
Don't drink or eat food. And you shouldn't talk loud on the phone.

23 다음 질문에 답하시오.

Answer the following questions.

가. _____ 씨가 알고 있는 한국의 또 다른 공공 예절에는 무엇이 있어요?

What is another public etiquette in Korea that you know?

Tip 본인이 알고 있는 공공 예절(식당에서는 아이들이 소리를 지르거나 뛰어다니지 않습니다, 공공 화장실을 이용할 때 줄을 섭니다, 버스 정류장에서 담배를 피우지 않습니다, 쓰레기는 쓰레기통에 버립니다 등)을 말하면 됩니다.

State any public etiquette you know, such as "Children should not shout or run around in restaurants," "People should stand in line when using public restrooms," "Smoking is not allowed at bus stops," or "Trash should be thrown into trash bins."

예시답안

공공 화장실을 이용할 때는 한 줄로 서서 순서대로 들어가야 합니다. 그리고 지하철이나 버스에서는 사람이 모두 내린 후에 타야 합니다.

When using public restrooms, people should line up in a single line and enter in order. Also, when boarding the subway or bus, you should wait until everyone has exited before getting on.

나. 고향에는 어떤 공공 예절이 있어요?

What kind of public etiquette is there in your hometown?

Tip 본인 나라의 공공 예절에 대해 대답합니다.

Describe the public etiquette of your home country.

예시답안

우리 고향에서는 쓰레기를 길이나 바닥에 함부로 버리면 안 되고, 금연 구역에서 담배를 피우면 안 됩니다.

In my hometown, it's not allowed to litter on the streets or ground, and smoking is prohibited in non-smoking areas.

다. 공공 예절은 왜 지켜야 한다고 생각해요?

Why do you think public etiquette should observed?

예시답안

공공장소는 여러 사람들과 같이 사용하는 곳입니다. 공공 예절을 지키지 않으면 다른 사람에게 피해를 줍니다. 그래서 공공 예절을 지키며 다른 사람을 배려해야 합니다.

Public places are shared places for many people. If we don't follow public etiquette, it can inconvenience others. Therefore, we should be mindful of public etiquette and be considerate towards others.

24 다음 사진을 보고 질문에 답하시오.
Look at the following picture and answer the questions.

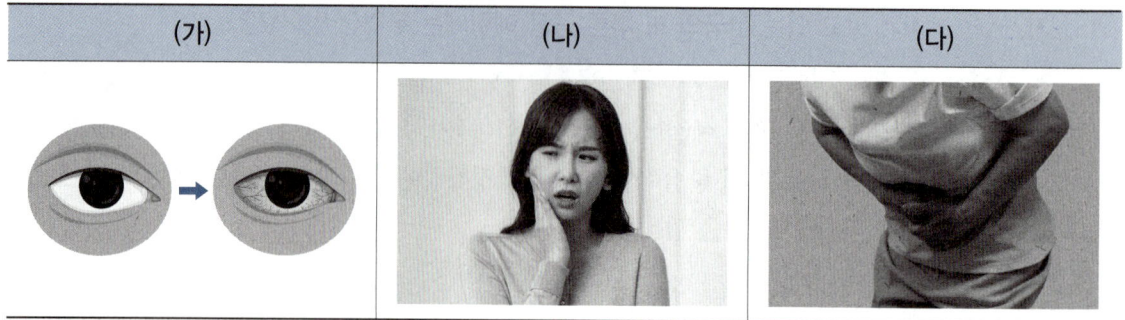

가. (가)는 어디가 아파요? 어느 병원에 가야 해요?
   Look at the picture of (가), where does it hurt? Which hospital should you go to?

예시답안

눈이 아픕니다. 안과에 가야 합니다.
Their eyes hurt. They should go to an ophthalmologist(eye clinic).

나. (나)는 어디가 아파요? 어느 병원에 가야 해요?
   Look at the picture of (나), where does it hurt? Which hospital should you go to?

예시답안

이(치아)가 아픕니다. 치과에 가야 합니다.
Their tooth(teeth) hurts. They should go to a dentist.

다. (다)는 어디가 아파요? 어느 병원에 가야 해요?
   Look at the picture of (다), where does it hurt? Which hospital should you go to?

예시답안

배가 아픕니다. 내과에 가야 합니다.
They have a stomachache. They should go to an internal medicine clinic.

25 긴급 재난 문자를 친구에게 설명하시오.

Explain the emergency alert message to your friend.

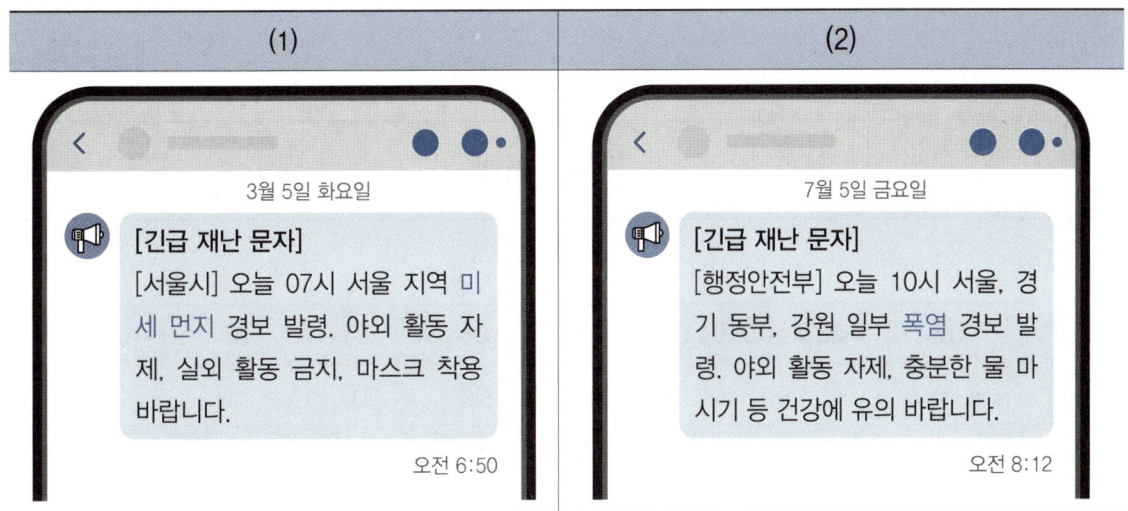

예시답안

(1) 서울시에서 보낸 재난 문자입니다. 오늘 오전 7시에 서울 지역은 미세 먼지가 있습니다. 그래서 밖에서 활동하는 것은 자제하고, 나가야 하는 경우에는 마스크를 써야 합니다.

This is an emergency alert message from the Seoul Metropolitan Government. At 7:00 a.m. today, there will be fine dust in the Seoul area. Therefore, it is advised to avoid outdoor activities, and if you need to go outside, you should wear a mask.

(2) 행정안전부에서 보낸 재난 문자입니다. 오늘 오전 10시에 서울, 경기 동부, 강원 일부 지역에 폭염 경보가 있습니다. 그래서 밖에서 활동하는 것은 자제하고, 물을 충분히 마셔야 합니다.

This is an emergency alert message from the Ministry of the Interior and Safety. At 10:00 a.m. today, a heatwave warning will be issued for Seoul, eastern Gyeonggi, and parts of Gangwon Province. It is advised to avoid outdoor activities and to drink plenty of water.

1단계 제2회 정답 및 해설

필기시험

01	02	03	04	05	06	07	08	09	10
④	③	②	③	④	②	①	③	①	②
11	12	13	14	15	16	17	18	19	20
④	②	①	④	③	②	④	③	③	①

01 정답 ④

그림 속의 사람은 텔레비전(TV)를 보고 있으므로 '텔레비전을 봐요.'가 정답입니다.
Since the person in the picture is watching television(TV), the correct answer is "텔레비전을 봐요."

02 정답 ③

시간을 말할 때 '시'는 '한, 두, 세, 네…', '분'은 '일, 이, 삼, 사…'라고 합니다. 그러므로 '네 시 오십 분이에요.'라고 읽습니다.
When telling time, "hour" is written as "한, 두, 세, 네…", and "minutes" are written as "일, 이, 삼, 사…." Therefore, it is read as "네 시 오십 분이에요."

03 정답 ②

이름을 높여 말할 때는 '성함'이라고 합니다.
When addressing someone's name respectfully, the term "성함" is used.

더 공부하기	높임말

명 – 분	자다 – 주무시다
말 – 말씀	죽다 – 돌아가시다
이름 – 성함	물어보다 – 여쭈어보다(여쭤보다)
나이 – 연세	먹다/마시다 – 드시다/잡수시다
생일 – 생신	
있다 – 계시다	

04 정답 ③

음료나 술을 셀 때는 '잔'이라고 합니다.
When counting drinks or alcohol, the unit "잔" is used.

05 정답 ④

N+에서: 장소를 나타낼 때 사용한다.
This grammar is used to indicate a location.

예 주말에 <u>공원에서</u> 만나자.

06 정답 ②

V/A+-지만: 앞에 오는 말을 인정하면서 그와 반대되거나 다른 사실을 더할 때 사용한다.
This grammar is used to acknowledge the preceding statement while adding an opposing or different fact.

예 마이클 씨는 <u>똑똑하지만</u> 다소 산만해요.

07 정답 ①

V/A+-아/어/해서: 이유나 근거를 나타낼 때 사용한다.
This grammar is used to indicate a reason or basis.

예 시간이 <u>없어서</u> 밥을 못 먹었어요.

08 정답 ③

V/A+-(으)시-: 어떤 동작이나 상태의 주체를 높일 때 사용한다.
This grammar is used to show respect for the subject performing an action or being in a state.

예 할아버지, 날씨가 추우니까 따뜻하게 <u>입으세요</u>.

09 정답 ①

V/A+-(으)세요: 설명, 의문, 명령, 요청의 뜻을 나타낼 때 사용한다.
This grammar is used to convey explanations, inquiries, commands, or requests.

예 시내로 가려면 건너편에서 버스를 <u>타세요</u>.

10 정답 ②

V/A+-네요: 말하는 사람이 직접 경험하여 새롭게 알게 된 사실에 대해 감탄하거나 놀라움을 표현할 때 사용한다.

This grammar is used to express admiration or surprise upon newly learning a fact firsthand.

예 와, 정말 대단하네요.

11 정답 ④

나의 방에 있는 물건을 소개하고 있는 글입니다. 빈칸 뒤에서 "텔레비전은 거실에 있어요."라고 말하고 있으므로 뒤 문장과 잘 어울리는 것은 '텔레비전이 없어요.'입니다.

This is a passage describing items in the writer's room. Since the next sentence says, "The television is in the living room," the phrase that fits best is "There is no television."

12 정답 ②

취사란 음식을 만드는 일을 말합니다. 등산 안내문에서 취사를 금지하고 있으므로 '음식을 만들지 마세요.'가 정답입니다.

취사 refers to the act of cooking. Since the hiking notice prohibits cooking, the correct answer is "Do not cook food."

13 정답 ①

빈칸 뒤에서 매일 공원에서 운동을 한다는 내용이 나오므로 뒤 문장과 잘 어울리는 것은 '운동을 좋아해요.'입니다.

Since the following sentence states that they exercise in the park every day, the sentence that fits well is "I like exercising."

14 정답 ④

아나이스 씨가 1시간 뒤에 전화한다고 하였으므로 '라민 씨는 1시간 후에 아나이스 씨에게 전화할 겁니다.'가 글의 내용과 다릅니다.

Since Anaïs said she would call in an hour, "Ramin will call Anaïs in an hour." does not match the content of the passage.

15 정답 ③

남편이 요리를 잘해서 주말마다 음식을 만들어 준다고 하였으므로 '주말에는 남편이 요리를 합니다.'가 정답입니다.

Since the husband is good at cooking and prepares food every weekend, the correct answer is "On weekends, the husband cooks."

16 정답 ②

가을은 쌀쌀하고 단풍이 매우 아름다워서 등산을 많이 하고, 겨울에는 눈이 오고 추워서 눈썰매나 스키를 타러 간다고 하였으므로 '겨울에 등산을 합니다.'가 글의 내용과 다릅니다.

In autumn, it's cool, and the autumn leaves are very beautiful, so many people go hiking. In winter, it's snowy and cold, so people go sledding or skiing. Therefore, "They go hiking in winter." does not match the content of the passage.

17 정답 ④

한국의 동전 중에서 금액이 가장 큰 것은 500원입니다.

Among Korean coins, the one with the highest value is the 500 won coin.

18 정답 ③

③ 국민권익위원회(민원 상담): 110

③ Anti-Corruption & Civil Rights Commission (Consultation for civil complaints): 110

19 정답 ③

교통 약자란 교통수단을 이용하거나 도로를 다닐 때 신체적 또는 인지적 기능이 약한 사람을 말합니다. 교통 약자에는 (신체)장애인, 어린이, 임산부, 노인 등이 있습니다.

Transportation-disadvantaged persons refers to people who experience physical or cognitive limitations when using transportation or traveling on roads. This category includes (physically) disabled people, children, pregnant women, and the elderly.

20 정답 ①

한국은 보통 월요일부터 금요일까지 일을 합니다. 그리고 하루에 8시간 일을 합니다. 일이 많으면 밤까지 일을 하거나 주말에도 일을 합니다. 일주일에 52시간까지 일을 할 수 있습니다.

In Korea, people usually work from Monday to Friday, working 8 hours per day. If there is a lot of work, they may work into the night or even on weekends. They can work up to 52 hours per week.

구술시험

> **21-22**
> 한국에는 시내버스, 광역 버스, 시외버스, 지하철, 택시, 고속버스, 기차 등 많은 대중교통이 있습니다. 도시 안에서 이동할 때는 시내버스, 지하철, 택시를 탑니다. 도시에서 가까운 곳으로 갈 때는 광역버스나 시외버스를 탑니다. 도시에서 먼 곳으로 갈 때는 기차나 고속버스를 탑니다. 한국에는 교통 카드가 있어서 버스, 지하철, 택시 등 대중교통을 편리하게 탈 수 있습니다.

21 위의 글을 소리 내어 읽으시오.

Read the above text aloud.

Tip 발음의 정확성, 띄어 읽기, 속도 등에 유의하며 읽습니다.

Pay attention to accuracy in pronunciation, proper pauses, and reading speed.

22 다음 질문에 답하시오.

Answer the following questions.

가. 한국의 대중교통 종류에는 무엇이 있어요?

What kinds of public transportation are there in Korea?

예시답안

시내버스, 광역 버스, 시외버스, 지하철, 택시, 고속버스, 기차 등이 있습니다.

There are city buses, intercity buses, express buses, subways, taxis, and trains.

나. 도시 안에서 이동할 때는 무엇을 이용해요?

What do you take to get around the city?

예시답안

시내버스나 지하철, 택시를 이용합니다.

People take city buses, subways, or taxis.

다. 도시에서 먼 곳으로 이동할 때는 무엇을 이용해요?

What do you take to go far from the city?

예시답안

기차나 고속버스를 이용합니다.

People take trains or express buses.

23 다음 질문에 답하시오.
Answer the following questions.

가. 한국에서는 주로 어떤 교통수단을 이용해요?
What type of public transportation is commonly used in Korea?

Tip 본인이 자주 이용하는 대중교통 수단을 말하면 됩니다.
State the public transportation you frequently use.

예시답안

저는 한국에서 주로 지하철을 이용합니다. 시장, 병원, 문화 센터에 갈 때 지하철을 타고 다닙니다.
I usually use the subway in Korea. I take the subway to go to markets, hospitals, or cultural centers.

나. 고향에서는 주로 어떤 교통수단을 이용해요?
What type of transportation is commonly used in your hometown?

Tip 본인의 고향에서 주로 이용하는(또는 이용했던) 교통수단을 말하면 됩니다. 교통수단에는 자동차, 기차, 비행기 외에도 오토바이, 자전거, 배, 말 등이 있습니다.
State the type of transportation you use(or used to use) in your hometown. It could be cars, trains, airplanes, motorcycles, bicycles, boats, or even animals like horses.

예시답안

저는 고향에서 주로 자전거를 이용합니다. 자전거 도로가 잘 되어 있기 때문에 자전거를 타는 사람이 많아 저도 자전거를 자주 이용합니다.
I mostly use bicycles in my hometown. Since the bicycle paths are well-developed, many people ride bicycles, and I often use one too.

다. 고향에서는 도시에서 먼 곳으로 이동할 때 주로 어떤 교통수단을 이용해요?
What type of transportation is commonly used to go far to from the city in your hometown?

예시답안

저는 고향에서 먼 곳으로 이동할 때 주로 기차를 이용합니다. 기차역은 시내에 있어서 이동이 편리하고, 기차의 종류와 시간이 많아서 먼 곳으로 이동할 때 자주 이용합니다.
I usually take the train to travel long distances in my hometown. The train station is located in the city, making it convenient to access. There are many train options and schedules, so I often use the train for long-distance travel.

24 다음 그림을 보고 질문에 답하시오.
Look at the following picture and answer the questions.

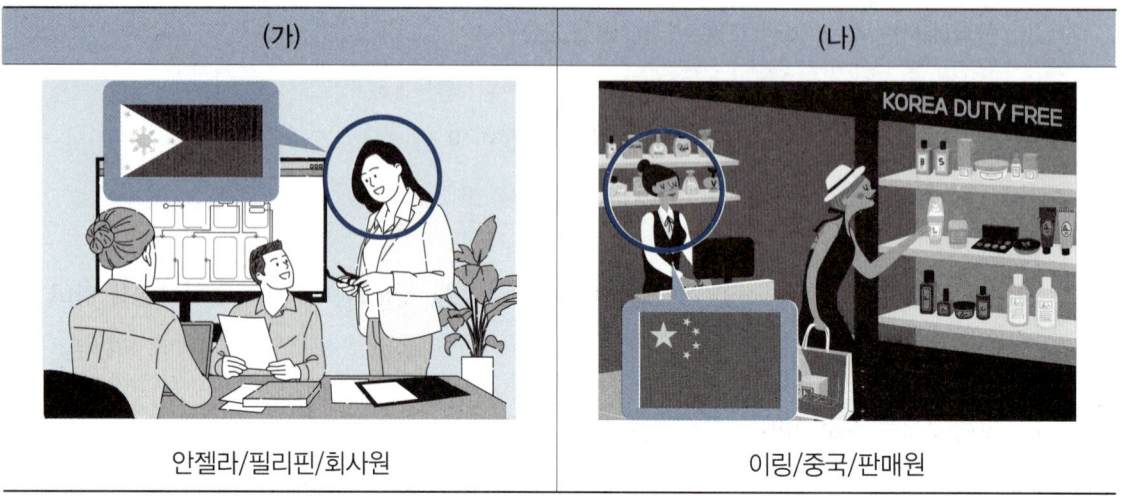

(가)	(나)
안젤라/필리핀/회사원	이링/중국/판매원

가. (가)는 이름이 뭐예요? (나)는 이름이 뭐예요?
  Look at the picture of (가), what is her name?
  Look at the picture of (나), what is her name?

예시답안

(가)의 이름은 안젤라입니다. (나)의 이름은 이링입니다.
(가)'s name is Angela. (나)'s name is Yi Ling.

나. (가)는 어느 나라 사람이에요? (나)는 어느 나라 사람이에요?
  Look at the picture of (가), which country is she from?
  Look at the picture of (나), which country is she from?

예시답안

(가)는 필리핀 사람입니다. 그리고 (나)는 중국 사람입니다.
(가) is from the Philippines. And (나) is from China.

다. (가)는 직업이 뭐예요? (나)는 직업이 뭐예요?
  Look at the picture of (가), What is her job?
  Look at the picture of (나), What is her job?

예시답안

(가)의 직업은 회사원입니다. (나)의 직업은 판매원입니다.
(가)'s job is an office worker. (나)'s job is a salesperson.

25 마트의 직원과 손님이 되어 물건을 계산하고 구입하는 대화를 하시오.
Role-play as a store employee and a customer, calculating and purchasing items.

(1)	(2)
• 물건: 우유, 아이스크림, 과자 • 위치: 과자 오른쪽, 과자 앞 • 가격: 1,000원, 3,000원, 5,000원	• 물건: 바나나, 고기, 사과 • 위치: 사과 왼쪽, 사과 아래 • 가격: 4,000원, 10,000원, 7,000원

※ 실제 시험장에서는 어떤 역할을 맡을지 모르기 때문에 두 역할에 대한 연습이 모두 필요합니다.

※ In the actual test, you don't know which role you will play. Therefore, it's important to practice both roles.

예시답안

(1)

직원: 어서 오세요.

손님: 안녕하세요. 우유가 어디에 있어요?

직원: 우유는 과자 오른쪽에 있습니다.

손님: 그럼 아이스크림은 어디에 있어요?

직원: 과자 앞에 있습니다.

손님: 과자는 얼마예요?

직원: 오천 원(5,000원)입니다.

손님: 그럼 우유 하나하고 아이스크림 하나, 과자 하나 주세요.

직원: 모두 구천 원(9,000원)입니다.

손님: 네, 감사합니다.

Clerk: Welcome!

Customer: Hello. Where can I find milk?

Clerk: Milk is to the right of the snacks.

Customer: Then, where is the ice cream?

Clerk: It's in front of the snacks.

Customer: How much are the snacks?

Clerk: They're 5,000 won.

Customer: Then I'll take one milk, one ice cream, and one snack, please.

Clerk: That will be 9,000 won in total.

Customer: Okay, thank you.

(2)

직원: 어서 오세요.

손님: 안녕하세요. 바나나가 어디에 있어요?

직원: 바나나는 사과 왼쪽에 있습니다.

손님: 그럼 고기는 어디에 있어요?

직원: 사과 아래에 있습니다.

손님: 사과는 얼마예요?

직원: 칠천 원(7,000원)입니다.

손님: 그럼 바나나 하나하고 고기 하나, 사과 하나 주세요.

직원: 모두 이만 천 원(21,000원)입니다.

손님: 네, 감사합니다.

Clerk: Welcome!

Customer: Hello. Where can I find bananas?

Clerk: Bananas are to the left of the apples.

Customer: Then, where is the meat?

Clerk: It's below the apples.

Customer: How much is the apple?

Clerk: It's 7,000 won.

Customer: Then I'll take one banana, one meat, and one apple, please.

Clerk: That will be 21,000 won in total.

Customer: Okay, thank you.

2단계 제1회 정답 및 해설

필기시험

01	02	03	04	05	06	07	08	09	10
②	②	④	④	①	②	①	④	③	④
11	12	13	14	15	16	17	18	19	20
④	④	③	③	②	④	②	③	④	④

01 정답 ②

도로에 설치되어 있고 빨간색 · 노란색 · 초록색 불이 켜지며 자동차나 사람에게 지시하는 장치는 '신호등'입니다.

A device installed on roads, with red, yellow, and green lights that give instructions to vehicles or pedestrians, is called a "traffic light."

02 정답 ②

그 식당은 언제나 손님이 많아서 자리가 없다는 의미로 잘 어울리는 것은 '항상'입니다.

The phrase that fits well with the idea that a restaurant is always crowded and lacks empty seats is "always."

- **항상**: 늘, 언제나
  continually, at all times

03 정답 ④

보이는 대상(경치)과 자연스럽게 잘 어울리는 것은 '아름답다(아름다운)'입니다.

The word that naturally describes something visible(like scenery) is "beautiful."

- **경치**: 산이나 들, 강, 바다 등의 자연이나 지역의 모습
  views of nature or landscapes like mountains, fields, rivers, or seas

  예 경치가 좋다, 경치가 아름답다, 경치가 뛰어나다

04 정답 ④

청소기를 돌리는 행동으로 청소를 하는 상황임을 알 수 있습니다. 그러므로 청소와 자연스럽게 잘 어울리는 것은 '물건을 치우다'입니다.
Vacuuming indicates cleaning activity, so the phrase that fits well is "to put things away."

- **치우다**: 청소하거나 정리하다. 물건을 다른 데로 옮기다.
  to clean or organize; to move things elsewhere

05 정답 ①

A+-(으)ㄴ: 현재의 상태를 나타낼 때 사용한다.
This grammar is used to describe the current state of something.

예 미소가 <u>예쁜</u> 소녀를 만났다.

06 정답 ②

V/A+-아/어/해서: 일이 순서대로 일어남을 나타낼 때 사용한다.
This grammar indicates sequential actions.

예 아침에 <u>일어나서</u> 세수를 해요.

07 정답 ①

V/A+-(으)려면: 어떤 상황을 가정한 뒤 그 상황에 대한 바람을 나타낼 때 사용한다.
This grammar is used to express a wish after imagining a certain situation.

예 감기가 <u>나으려면</u> 어떻게 해야 해요?

08 정답 ④

④ 한국 친구한테 요리를 배워서 불고기를 <u>만들을 수 있어요</u>. (×)
  → 한국 친구한테 요리를 배워서 불고기를 <u>만들 수 있어요</u>. (○)
  → I learned cooking from a Korean friend, so I can make 불고기.

09 정답 ③

③ 처음 간 도시에서 밤거리를 <u>걸은 적이 있어요</u>. (×)
  → 처음 간 도시에서 밤거리를 <u>걸은 적이 있어요</u>. (○)
  → I've walked the streets at night in the city I visited for the first time.

10 정답 ④

④ 저는 저녁에 커피를 안 마셔요. 커피를 마시면 잠을 못 잤거든요. (×)
  → 저는 저녁에 커피를 안 마셔요. 커피를 마시면 잠을 못 자거든요. (○)
  → I don't drink coffee in the evening. If I drink coffee, I can't sleep.

11 정답 ④

빈칸 앞에서 "조끼는 주머니가 많습니다."라고 하였으므로 앞 문장과 잘 어울리는 것은 '필요한 물건을 넣을 수 있습니다.'입니다.
The sentence that fits best with "The vest has many pockets." is "You can put essential items in it."

- **주머니**: 옷의 일정한 곳에 헝겊을 달거나 덧대어 돈이나 소지품 등을 넣도록 만든 부분
  a part of clothing designed to hold items like money or personal belongings

12 정답 ④

빈칸 앞에서 "줄을 서서 기다리는 사람도 있었습니다."라고 하였으므로 앞 문장과 잘 어울리는 것은 '기다린 다음에 들어갈 수 있었습니다.'입니다.
The sentence that fits best with "There were people waiting in line." is "You could go in after waiting in line."

13 정답 ③

빈칸 앞에서 "부산 사람들의 말을 이해하지 못해서"라고 하였으므로 앞 문장과 잘 어울리는 것은 '답답하고 힘들었어.'입니다.
The sentence that fits best with "I couldn't understand the words spoken by people in Busan." is "I felt frustrated and stressed."

- **답답하다**: 숨이 막힐 듯이 갑갑하다. 가슴이 답답하다.
  feeling suffocated or stifled, mentally overwhelmed

14 정답 ③

우체국 은행(예금) 서비스를 이용하려면 오후 4시 30분(반) 전에 가야 합니다.
To use banking(savings) services at the post office, you need to go before 4:30 p.m.

15 정답 ②

한가위를 다른 말로 추석이라고 합니다.
Another name for 추석 is 한가위.

16 정답 ④

글쓴이는 부모님께 돈도 보내고, 공과금도 보내야 하는 복잡한 일이 처음이었기 때문에 당황했습니다.

The writer felt confused because it was the first time sending money to his parents and paying utility bills.

17 정답 ②

한국의 편의점에서 해열제, 진통제, 소화제, 감기약, 파스를 살 수 있으므로 '항생제'가 옳지 않습니다.

You can buy fever reducers, pain relievers, digestive medicine, cold medicine, and patches at convenience stores in Korea. However, "antibiotics" are not available.

18 정답 ③

③의 표지판은 자전거를 타고 들어올 수 없다는 '자전거 진입 금지' 표지판입니다.

The sign in ③ is a "No Cycling" sign, indicating that bicycles are not allowed to enter.

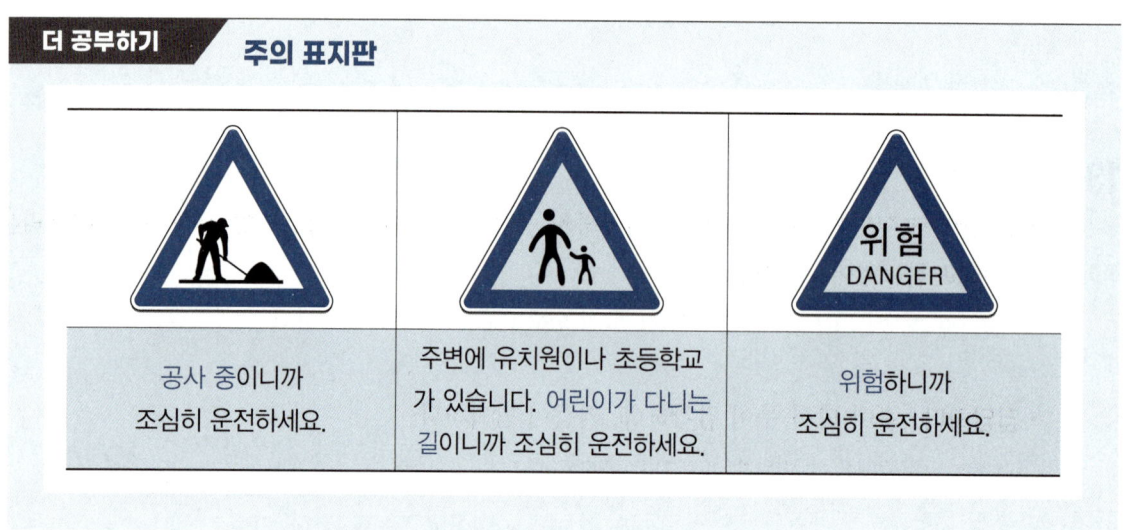

19 정답 ④

휴일지킴이 약국은 주말과 휴일에도 문을 여는 약국입니다. 휴일지킴이 약국 홈페이지에 들어가서 검색하면 동네 주변의 휴일지킴이 약국을 찾을 수 있습니다. 그리고 필요한 약 정보도 확인할 수 있습니다.

휴일지킴이 약국(Holiday Keeper Pharmacy) are pharmacies that remain open on weekends and holidays. You can visit the 휴일지킴이 약국 website to search for nearby pharmacies and check information about the medications you need.

20 정답 ④

한국에는 여러 종류의 배달 앱(App)이 있습니다. 한국 사람들은 음식을 배달시킬 때 배달 앱(App)을 자주 이용합니다.

In Korea, there are various types of delivery applications. Koreans often use delivery applications to order food.

구술시험

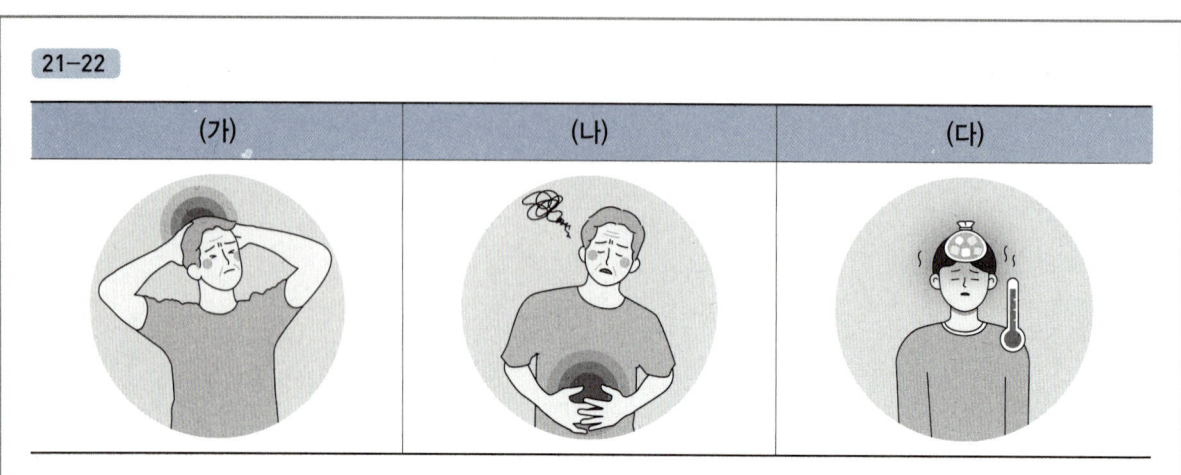

21 다음 질문에 답하시오.

Answer the following questions.

가. (가)는 어디가 아파요?

Where does (가) feel pain?

예시답안

머리가 아픕니다. / 두통입니다.

He has a headache. / He has a migraine.

나. (나)는 어디가 아파요?

Where does (나) feel pain?

예시답안

배가 아픕니다. / 설사를 합니다. / 소화가 안 됩니다. / 복통입니다.

He has a stomachache. / He has diarrhea. / He has indigestion. / He has abdominal pain.

다. (다)는 어디가 아파요?

Where does (다) feel pain?

예시답안

열이 납니다.

He has a fever.

22 다음 질문에 답하시오.
Answer the following questions.

가. (가)는 무슨 약이 필요해요?
What medicine does (가) need?

예시답안
(가)는 두통약이 필요합니다.
(가) needs headache medicine.

나. (나)는 무슨 약이 필요해요?
What medicine does (나) need?

예시답안
(나)는 소화제나 진통제가 필요합니다.
(나) needs digestive medicine or painkillers.

다. (다)는 무슨 약이 필요해요?
What medicine does (다) need?

예시답안
(다)는 해열제가 필요합니다.
(다) needs fever reducers medicine.

23 다음 질문에 답하시오.
Answer the following questions.

가. _____ 씨는 아픈 적이 있어요? 어디가 아팠어요? 그래서 어떻게 했어요?
Have you ever been sick? Where did you feel pain, and what did you do?

Tip 본인의 경험을 이야기합니다.
Share your own experience.

예시답안
저는 어제 저녁을 너무 많이 먹어서 배가 아팠습니다. 그래서 소화제를 먹었습니다.
I ate too much last night and had a stomachache, so I took digestive medicine.

나. 한국은 어디에서 약을 살 수 있어요?
Where can you buy medicine in Korea?

예시답안
한국에서는 대부분의 약은 약국에서 사지만, 의사의 처방전 없이 편의점에서도 진통제나 소화제, 파스 등을 살 수 있습니다. 또 휴일에는 휴일지킴이약국에서 약을 살 수 있습니다.
In Korea, most medicines are bought at pharmacies, but over-the-counter painkillers, digestive medicine, and patches can be purchased at convenience stores. On holidays, you can also buy medicine at Holiday Keeper Pharmacies.

다. 고향은 어디에서 약을 살 수 있어요?
　　Where can you buy medicine in your hometown?

Tip 본인의 고향에서는 어디에서 약을 살 수 있는지 이야기합니다.
　　　Share where medicine is sold in your hometown.

예시답안

우리 고향에서는 약국뿐만 아니라 마트에서도 약을 살 수 있습니다. 마트에서는 의사의 처방전이 필요 없는 영양제, 멀미약, 소화제, 파스 등을 살 수 있습니다.
In my hometown, you can buy medicine not only at pharmacies but also at supermarkets. At supermarkets, you can purchase non-prescription items such as supplements, motion sickness pills, digestive medicine, and patches.

24 다음 질문에 답하시오.
Answer the following questions.

가. 한국은 쓰레기를 어떻게 버려요?
　　How is trash disposed of in Korea?

예시답안

한국에서는 쓰레기를 분리수거합니다. 일반 쓰레기는 종량제 봉투에 넣어서 버리고 다시 쓸 수 있는 깡통, 병, 플라스틱, 종이 등은 분리수거해서 버립니다.
In Korea, trash is sorted. General waste is put in designated garbage bags, while recyclable items like cans, bottles, plastic, and paper are sorted separately for disposal.

나. 한국은 음식물 쓰레기를 어떻게 버려요?
　　How is food waste disposed of in Korea?

예시답안

한국은 음식물 쓰레기를 다른 쓰레기와 분리하여 버려야 합니다. 음식물 쓰레기는 음식물 쓰레기 봉투에 넣어서 버리거나 종량기(음식물 쓰레기를 버릴 수 있는 기계)에 버릴 수 있습니다.
In Korea, food waste must be separated from other trash. It is disposed of in food waste bags or in a food waste disposal machine.

다. 고향은 쓰레기를 어떻게 버려요?
　　How is trash disposed of in your hometown?

예시답안

한국은 쓰레기를 버릴 때 분리수거를 합니다. 하지만 우리 국가는 ….
In Korea, we separate our trash when we throw it away. But our country ….

25 옷 가게 직원과 손님이 되어 대화하시오.

Role-play a conversation between a clothing store employee and a customer.

(1)	(2)
• 결혼식	• 학부모 모임
• 정장 바지	• 재킷
• 허리가 작다	• 사이즈가 너무 크다
• 더 큰 사이즈	• 더 작은 사이즈

※ 실제 시험장에서는 어떤 역할을 맡을지 모르기 때문에 두 역할에 대한 연습이 모두 필요합니다.

※ In the actual test, you don't know which role you will play. Therefore, it's important to practice both roles.

예시답안

(1)

직원: 어서 오세요. 어떤 옷을 찾으세요?

손님: 정장 바지가 있어요? 다음 주에 결혼식에 갈 때 입을 거예요.

직원: 네, 있어요. 이건 어떠세요?

손님: 허리가 작네요. 혹시 더 큰 사이즈 있어요?

직원: 그럼 이걸로 한번 입어 보세요.

손님: 딱 맞아요! 이걸로 주세요.

직원: 네, 잠시만 기다려 주세요.

Clerk: Welcome! What kind of clothes are you looking for?

Customer: Do you have suit pants? I need them for a wedding next week.

Clerk: Yes, we do. How about these?

Customer: The waist is too small. Do you have a bigger size?

Clerk: Then try these on.

Customer: They fit perfectly! I'll take them.

Clerk: Sure, please wait a moment.

(2)

직원: 어서 오세요. 어떤 옷을 찾으세요?

손님: 재킷이 있어요? 다음 주에 학부모 모임에 갈 때 입을 거예요.

직원: 네, 있어요. 이건 어떠세요?

손님: 사이즈가 너무 크네요. 혹시 더 작은 사이즈 있어요?

직원: 그럼 이걸로 한번 입어 보세요.

손님: 딱 맞아요! 이걸로 주세요.

직원: 네, 잠시만 기다려 주세요.

Clerk: Welcome! What kind of clothes are you looking for?

Customer: Do you have a jacket? I need one for a parent meeting next week.

Clerk: Yes, we do. How about this one?

Customer: The size is too big. Do you have a smaller size?

Clerk: Then try this one on.

Customer: It fits perfectly! I'll take it.

Clerk: Sure, please wait a moment.

2단계 제2회 정답 및 해설

필기시험

01	02	03	04	05	06	07	08	09	10
③	①	②	④	③	④	④	①	②	①
11	12	13	14	15	16	17	18	19	20
①	③	②	③	②	②	④	③	②	③

01 정답 ③

요리와 함께 먹을 수 있는 또 다른 음식은 '밑반찬'입니다.

A type of food that can be eaten with main dishes is called "side dishes." Specifically, "basic side dishes" refer to side dishes that are prepared to be served easily at any time.

- **반찬**: 밥에 곁들여 먹는 음식을 통틀어 이르는 말
  food eaten alongside rice
- **밑반찬**: 만들어서 오래 두고 언제나 손쉽게 내어 먹을 수 있는 반찬
  side dishes that can be stored for a long time and used anytime

02 정답 ①

- **쭉 가다**: 옆길로 빠지지 않고 곧바로(곧장) 가다.
  to continue moving directly forward without turning to the side

03 정답 ②

잠을 푹 자기 위해서는 몸이나 마음이 힘들지 않은 상태를 유지해야 하므로 잘 어울리는 것은 '편안하다(편안한)'입니다.

To sleep deeply, the body or mind must be in a relaxed state, so the word that fits best is "comfortable."

- **편안하다**: 몸이나 마음이 힘들지 않고 좋다.
  a state where the body or mind is not stressed and feels good

04 정답 ④

'한국에 있다' 또는 '한국에 살다'와 같은 의미로 '한국에 거주하다'라고 합니다.
The phrase "to stay in Korea" or "to live in Korea" can also be expressed as "to reside in Korea."

- **거주하다**: 일정한 곳에 머물러 살다.
  to live or stay in a certain place for a period of time

05 정답 ③

V/A+-(으)ㄹ: 추측, 예정, 의지, 가능성 등을 나타낼 때 사용한다.
This grammar indicates assumptions, plans, intentions, or possibilities.

예 이번 주에 이 책을 모두 읽을 계획이야.

06 정답 ④

V/A+-기 때문에: 앞 내용이 뒤 내용의 이유임을 나타낼 때 사용한다.
This grammar is used to explain that the preceding statement is the reason for the following one.

예 오늘 비가 오기 때문에 약속을 취소했어요.

07 정답 ④

V/A+-게: 뒤에 나오는 일의 목적이나 결과, 방식, 정도 등이 됨을 나타낼 때 사용한다.
This grammar indicates the purpose, result, method, or degree of an action.

예 방이 너무 더러운 것 같아서 깨끗하게 청소했어요.

08 정답 ①

① 어제 마트에서 장을 보고 있어요. (×)
→ 어제 마트에서 장을 봤어요. (○)
→ I went grocery shopping at the mart yesterday.

09 정답 ②

② 여기 잠깐 눕어 봐도 돼요? (×)
→ 여기 잠깐 누워 봐도 돼요? (○)
→ Can I lie down here for a moment?

10 정답 ①

① 이엠에스(EMS)는 외국에 보내는 거니까 영어로 <u>쓰야 돼요</u>. (×)
  → 이엠에스(EMS)는 외국에 보내는 거니까 영어로 <u>써야 돼요</u>. (○)
   → Since EMS is sent abroad, it must be written in English.

11 정답 ①

빈칸 앞에서 "공원은 아주 크고, 산책로도 잘 되어 있어서"라고 하였으므로 앞 문장과 잘 어울리는 내용은 '걷기에 좋아요.'입니다.

The sentence that fits best with "The park is very large, and the walking paths are well-made" is "It's great for walking."

- **산책로**: 산책할 수 있게 만든 길
  a path designed for walking

12 정답 ③

빈칸 앞에서 "지하철로 갈아타고 중앙역에서 내려요."라고 하였으므로 앞 문장과 잘 어울리는 내용은 '출구로 나가서'입니다.

The sentence that fits best after "Transfer to another subway and get off at Central Station" is "Exit through the exit."

- **출구**: 밖으로 나갈 수 있는 통로
  a passage leading outside

13 정답 ②

빈칸 뒤에서 안젤라의 집으로 가는 방법을 알려주고 있으므로 뒤 문장과 잘 어울리는 내용은 '찾아오는 방법'입니다.

Since the following sentence explains how to get to Angela's house, the phrase that fits best is "directions to get there."

- **찾아오다**: 볼일을 보거나 특정한 사람을 만나기 위해 그곳에 오다.
  to go to a place for a specific purpose or to meet someone

14 정답 ③

모든 강좌는 평일(월~금)에만 들을 수 있습니다.

All courses are available only on weekdays(Monday through Friday).

15 　정답 ②

떡과 고추장을 이용하여 만드는 음식은 '떡볶이'입니다.
떡볶이 is a dish made with rice cakes and red pepper paste.

더 공부하기 　**떡볶이를 만드는 방법**

필요한 재료: 떡, 어묵, 대파, 양파,
　　　　　　 양념(고추장, 간장, 설탕), 물

만드는 방법
❶ 떡을 씻습니다.
❷ 어묵, 대파와 양파는 먹기 좋은 크기로 자릅니다.
❸ 냄비에 물을 넣고, 물이 끓으면 양념을 풀어 줍니다.
❹ 떡과 어묵, 대파와 양파를 넣고 잘 저어줍니다.
❺ 양념이 줄어들 때까지 끓입니다.

16 　정답 ②

한국 사람들은 명절이 되면 가족을 만나기 위해서 고향에 갑니다. 그래서 시내에는 차도 없고 사람도 없어서 한산합니다.
During holidays in Korea, people often travel to their hometowns to meet family members. As a result, the city streets become quiet with few cars and people around.

17 　정답 ④

한국은 도로명 주소를 사용합니다. 그래서 한국에서 주소를 쓸 때 가장 먼저 써야 하는 것은 도시 이름(서울, 부산, 대전 등)입니다. 주소를 쓸 때는 큰 장소에서 작은 장소의 순서(도시 이름 → 도로명 → 건물 번호)로 씁니다.
In Korea, road names are used for addresses. When writing an address in Korea, the first thing to write is the city name(Seoul, Busan, Daejeon, etc.). The address should be written in order from a large area to a small area(city name → road name → building number).

18 　정답 ③

부럼(딱딱한 껍질을 가진 땅콩, 호두, 잣, 밤, 은행 등의 견과류)은 정월 대보름날 새벽에 깨물어 먹습니다.
On the morning of 정월 대보름(the first full moon of the lunar year), people eat nuts with hard shells, such as peanuts, walnuts, pine nuts, chestnuts, and ginkgo nuts. This custom is called 부럼 깨물기.

19 정답 ②

문자를 보낼 때 이모티콘을 함께 보내면 자신의 기분이나 감정을 더 잘 전달할 수 있습니다.

When sending text messages, using emoticons can help convey your feelings or emotions more effectively.

20 정답 ③

회사에는 여러 직위가 있습니다. 과장보다 높은 직위는 부장, 이사, 사장이 있습니다. 대리는 과장보다 낮은 직위입니다.

In a company, there are various job positions. Higher positions than 과장(Manager) include 부장(Deputy General Manager), 이사(Director), and 사장(President). The position of 대리(Assistant Manager) is lower than 과장.

구술시험

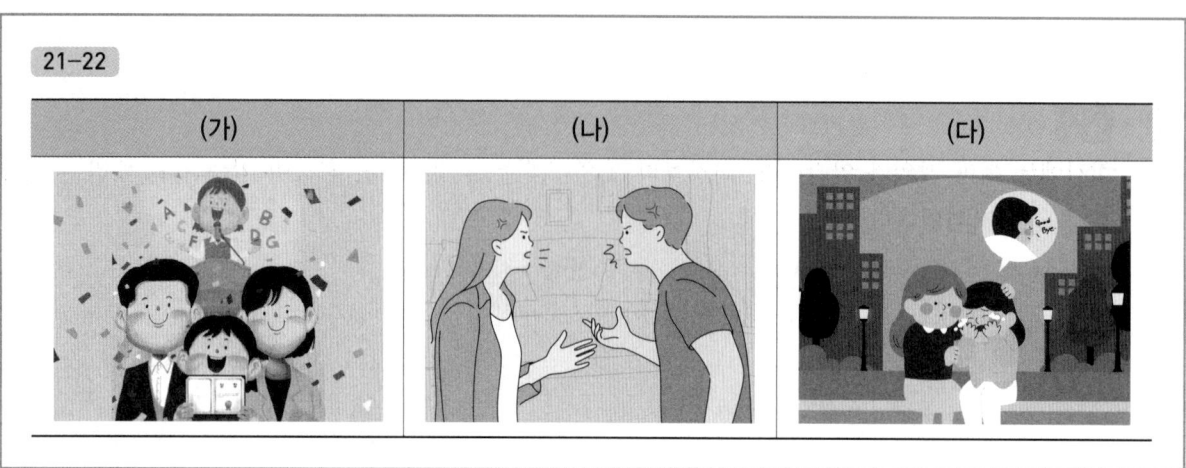

21 다음 질문에 답하시오.

Answer the following questions.

가. (가)는 기분이 어때요?

How does (가) feel?

예시답안

상을 받았습니다. 그래서 기쁩니다. / 우승을 했습니다. 그래서 행복합니다.

She received an award, so she feels happy. / She won a competition, so she feels joyful.

나. (나)는 기분이 어때요?

How does (나) feel?

예시답안

친구와 싸웠습니다. 그래서 화가 납니다. / 친구와 싸웠습니다. 그래서 기분이 나쁩니다.

She/He had a fight with her/his friend, so she/he feels angry. / She/He had a fight with her/his friend, so she/he feels upset.

다. (다)는 기분이 어때요?

How does (다) feel?

예시답안

남자친구와 헤어졌습니다. 그래서 슬픕니다.

She broke up with her boyfriend, so she feels sad.

22 다음 질문에 답하시오.
Answer the following questions.

가. 여러분은 무엇을 할 때(또는 어떨 때) 기분이 좋아요?
When(or under what circumstances) do you feel good?

예시답안

저는 운동을 할 때 기분이 좋습니다. / 저는 친구들과 여행을 가면 즐겁습니다. / 저는 가족들을 만나면 행복합니다.
I feel good when I exercise. / I feel happy when I go on trips with my friends. / I feel joyful when I meet my family.

나. 여러분은 무엇을 할 때(또는 어떨 때) 기분이 안 좋아요?
When(or under what circumstances) do you feel bad?

예시답안

저는 아플 때 기분이 안 좋습니다. / 저는 차가 막히면 짜증이 납니다. / 친한 친구가 고향으로 돌아가면 슬프고 외로울 것 같습니다.
I feel bad when I'm sick. / I feel irritated when there's a traffic jam. / I feel sad and lonely when a close friend moves back to their hometown.

23 다음 질문에 답하시오.
Answer the following questions.

가. 기분이 좋을 때는 어떻게 해요?
What do you do when you feel good?

예시답안

저는 기분이 좋을 때 노래를 부릅니다. / 저는 행복할 때 많이 웃습니다.
When I feel good, I sing. / When I'm happy, I smile a lot.

나. 기분이 안 좋을 때는 어떻게 해요?
What do you do when you feel bad?

예시답안

저는 기분이 안 좋을 때 잠을 잡니다. / 저는 기분이 안 좋을 때 산책을 합니다.
When I feel bad, I sleep. / When I feel bad, I take a walk.

다. 지금 _____ 씨의 기분은 어때요?
How do you feel now?

예시답안

저는 지금 긴장됩니다. / 떨리지만 시험을 잘 보면 기쁠 것 같습니다.
I feel nervous right now. / I'm a bit anxious, but I'll feel happy if I do well on the test.

24 다음 질문에 답하시오.
Answer the following questions.

가. 한국에서는 새집으로 이사를 하면 무엇을 해요?
What do people in Korea do when they move to a new house?

예시답안

한국에서는 새집으로 이사를 하면 집들이를 합니다.
In Korea, when people move to a new house, they have a housewarming party.

나. 왜 한국 사람들은 집들이에 갈 때 왜 휴지와 세제를 선물해요?
Why do Korean people give toilet paper and detergent as gifts when they go to a housewarming party?

예시답안

휴지는 일이 술술 잘 풀리라는 의미로 선물합니다. 그리고 세제는 세제의 거품처럼 돈을 많이 벌어서 부자가 되라는 의미가 있습니다.
Toilet paper symbolizes a wish for smooth and easy progress in life. Detergent symbolizes a to become wealthy, as its bubbles symbolize prosperity and success.

다. 고향에서는 다른 사람의 집에 갈 때 무엇을 선물해요?
In your hometown, what do people bring as gifts when visiting someone's house?

예시답안

고향에서는 다른 사람의 집에 갈 때 집주인이 원하는 선물을 해 줍니다. 지난달에 친구의 집에 놀러간 적이 있었는데 그때 친구가 원하는 예쁜 접시를 선물해 주었습니다.
In my hometown, people give gifts that the host wants. Last month, I visited a friend's house, and I gave them a set of pretty plates they wanted.

25 건강과 관련된 고민을 말하고, 그 고민에 대해 조언하시오.

State a health-related concern and give advice on it.

구분	(1)	(2)
고민	밤에 잘 못 자다. 잠을 충분히 자고 싶다.	소화가 안 되다. 속이 편안해지고 싶다.
조언	자기 전에 따뜻한 물로 샤워를 하다. 불면증에 좋다.	아침에 사과를 먹다. 소화에 좋다.

※ 실제 시험장에서는 어떤 역할을 맡을지 모르기 때문에 두 역할에 대한 연습이 모두 필요합니다.
※ In the actual test, you don't know which role you will play. Therefore, it's important to practice both roles.

예시답안

(1)

가: _____ 씨, 무슨 일 있어요? 안색이 안 좋아요.

나: 요즘 밤에 잠을 잘 못 자요. 잠을 충분히 자면 좋겠어요.

가: 그렇다면 자기 전에 따뜻한 물로 샤워를 해 보세요. 불면증에 좋아요.

나: 그래요? 오늘 밤부터 한번 해 봐야겠어요. 알려 줘서 고마워요.

A: _____, is something wrong? You look unwell.

B: I haven't been sleeping well at night lately. I wish I could get enough sleep.

A: In that case, try taking a warm shower before bed. It's good for insomnia.

B: Really? I'll try it starting tonight. Thank you for letting me know.

(2)

가: _____ 씨, 무슨 일 있어요? 안색이 안 좋아요.

나: 요즘 소화가 안 돼요. 속이 편안해지면 좋겠어요.

가: 그렇다면 아침에 사과를 먹어 보세요. 소화에 좋거든요.

나: 그래요? 오늘부터 한번 해 봐야겠어요. 알려 줘서 고마워요.

A: _____, is something wrong? You look unwell.

B: I've been having digestive problems lately. I wish my stomach could feel better.

A: In that case, try eating an apple in the morning. It's good for digestion.

B: Really? I'll try it starting today. Thank you for letting me know.

3단계 제1회 정답 및 해설

필기시험

01	02	03	04	05	06	07	08	09	10
③	②	③	④	①	②	①	①	①	④
11	12	13	14	15	16	17	18	19	20
②	④	④	④	①	②	②	①	①	②

01 정답 ③

사람 사이의 관계에서는 서로 '예의'를 잘 지키는 것이 중요합니다.
In human relationships, it is important to observe "etiquette."

- **예의를 지키다**: 존경의 뜻을 표하기 위하여 예로써 나타내는 말투나 몸가짐을 말한다.
  refers to behaviors and speech that show respect through manners

02 정답 ②

어머니는 직장 생활과 육아를 동시에 하고 있다는 의미로 잘 어울리는 것은 '병행하다(병행하고)'입니다.
The phrase "juggling work and childcare" matches the word "to handle simultaneously."

- **병행하다**: 둘 이상의 일을 한꺼번에 한다.
  to do two or more things at the same time

03 정답 ③

누가 시키지 않은 일도 먼저 나서서 스스로 하는 성격은 '적극적'인 성격입니다.
A person who takes initiative and does tasks voluntarily is described as having an "active" personality.

- **적극적이다**: 무엇을 하고자 하는 태도가 긍정적이고 능동적이다.
  having a positive and proactive attitude toward doing something

04 정답 ④

'안 멀다'와 같은 의미로 '별로'를 사용할 수 있습니다.
The word "별로(barely, not much)" can be used in the same context as "안 멀다(not far)."

- **별로**: 이렇다 하게 따로. 또는 그다지 다르게
  not particularly, not much, or nothing significant

05 정답 ①

V/A + -다가: 어떤 행동이나 상태 등이 중단되고 다른 행동이나 상태로 바뀜을 나타낼 때 사용한다.
This grammar is used to indicate that one action or state is interrupted and shifted to another.

예 밥을 먹다가 텔레비전을 보러 갔다.

06 정답 ②

V/A + -아/어/해 가지고: 앞에서 나타내는 행동이나 상태가 뒤의 원인이나 이유임을 나타낼 때 사용한다.
This grammar is used to indicate that the preceding action or state is the cause or reason for the following result.

예 늦게 일어나 가지고 학교에 지각하고 말았어요.

07 정답 ①

V/A + -아/어/해도: 앞에 오는 말을 인정하지만 뒤에 오는 말과 관계가 없음을 나타낼 때 사용한다.
This grammar is used to acknowledge the first statement but show it doesn't affect the next.

예 천천히 가도 괜찮아.

08 정답 ①

① 한국은 살을 만한 나라예요. (×)
   → 한국은 살 만한 나라예요. (○)
   → Korea is a country worth living in.

09 정답 ①

① 김치를 어떻게 만들는지 알아요. (×)
   → 김치를 어떻게 만드는지 알아요. (○)
   → I know how to make 김치.

10 정답 ④

V/A+-(으)ㄴ/는지 알다/모르다: 어떤 것을 알고 있는지(또는 모르고 있는지)를 묻거나 대답할 때 나타낼 때 사용한다.
This grammar is used to ask or answer about knowing or not knowing something.

예 사촌 동생이 뭘 못 먹는지 알아요?

11 정답 ②

V+-아/어 놓다/두다: 앞의 행동을 끝내고 그 결과를 유지함을 나타낼 때 사용한다.
This grammar indicates completing an action and maintaining the result.

예 바람이 들어오지 않게 창문을 꼭 닫아 놓았어요.

12 정답 ④

빈칸 뒤에서 "명절 음식을 준비하거나 운전을 할 때 자주 휴식을 취하고 가벼운 스트레칭을 하면 증상을 낮추는 데 도움이 된다."고 하였으므로 뒤 문장과 잘 어울리는 것은 '후유증을 예방하기 위해서는'입니다.
The following sentence states "Taking frequent breaks and light stretching when preparing holiday food or driving helps alleviate symptoms." Therefore, the blank should match with "to prevent aftereffects."

- **후유증**: 어떤 일을 치르고 난 뒤에 생긴 부작용을 말한다.
  Refers to side effects that occur after experiencing something significant.

13 정답 ④

빈칸 뒤에서 "친하지 않은데 나이나 가족 관계 등을 물어보는 것에 대해 처음에는 이해하기 어려웠다."고 하였으므로 뒤 문장과 잘 어울리는 것은 '개인적인 질문을 하는 것이었습니다.'입니다.
The next sentence states, "It was hard to understand at first when people I wasn't close to asked about my age or family." The blank should match with "asking personal questions."

14 정답 ④

교환 및 환불을 받을 수 있는 사람은 영수증을 지참하여 구매일 포함 7일 이내 온 사람, 제품을 사용하거나 훼손하지 않은 사람, 태그나 라벨을 제거하지 않은 사람입니다.
People eligible for exchanges and refunds must bring a receipt, visit within seven days of purchase, and ensure the product is unused, undamaged, and retains its tags or labels.

15 정답 ①

주부 노래 교실은 참가비가 무료입니다.
The singing class for homemakers is free.

16 정답 ②

구인 광고의 제목에 '외국인 영어 교사를 모십니다!'라고 쓰여 있으므로 한국인은 포함되지 않습니다.

The recruitment ad title states, "We are hiring foreign English teachers!" so it does not include Koreans.

17 정답 ②

소비 기한이란 유통 기한이 지나도 일정 기간까지 소비자가 음식을 먹을 수 있는 날짜를 말합니다.

Consumption date refers to the period after the expiration date during which the food is still safe to eat.

18 정답 ①

한국의 명절 중 단오는 음력 5월 5일로, 모내기를 끝내고 풍년을 기원하는 날이기 때문에 만물의 기운이 가장 강한 날입니다. 여자는 창포물에 머리를 감고 그네를 뛰며, 남자는 씨름을 하면서 보내는 한국의 명절입니다.

Among the Korean traditional holidays, 단오 falls on the 5th day of the 5th lunar month. It celebrates the completion of rice planting and is a prayer for a good harvest. Women wash their hair with 창포(iris) water and ride a swing, while men wrestle.

19 정답 ①

공유 주택(셰어 하우스)이란 개인 공간은 있으면서 여러 사람과 거실과 부엌 등은 공유하는 주거 형태로, 혼자 사는 것보다 월세나 생활비 등 돈을 절약할 수 있다는 장점이 있습니다. 또한 계약 기간도 최소 1개월부터 시작하기 때문에 사회 초년생들에게 특히 인기가 있습니다.

A shared house is a living arrangement in which individuals have private spaces but share common areas like the living room and kitchen. It's cheaper than living alone and allows flexibility with rental periods starting from one month, making it popular among young professionals.

20 정답 ②

- **동창회**: 같은 학교를 졸업한 사람들이 모여 서로 친목을 도모하고 모교와 연락을 위하여 만들어진 모임

  A gathering of graduates from the same school to maintain friendships and connections with their alma mater

- **동호회**: 등산, 악기 연주, 스포츠 등 같은 취미를 가지고 함께 즐기는 사람들의 모임

  A group of people who share and enjoy similar hobbies like hiking, playing instruments, or sports

구술시험

> **21-22**
>
> 전자 제품을 고장 없이 오래 사용할 수 있는 방법이 있다. 먼저 텔레비전은 내부에서 생기는 열을 잘 빼야 한다. 따라서 텔레비전을 벽에 너무 가까이 설치하는 것보다 공간을 두고 여유 있게 설치하는 것이 좋다. 다음으로 세탁기는 빨래를 많이 넣으면 고장이 빨리 나기 때문에 세탁물의 용량을 잘 지켜야 한다. 그리고 세탁 후에는 문을 열어 내부를 건조해 주는 것이 좋다. 마지막으로 냉장고 문을 자주 열고 닫으면 수명이 짧아진다. 또한 내부가 가득 차면 고장 나기 쉽기 때문에 정기적으로 냉장고를 정리하는 것이 좋다.

21 다음 질문에 답하시오.
Answer the following questions.

가. 텔레비전을 오래 사용하는 방법은 무엇인가요?
How can you use a television for a long time?

예시답안

텔레비전을 오래 사용하려면 내부에서 생기는 열을 잘 빼야 합니다.
To use a television for a long time, the heat generated inside must be properly dissipated.

나. 세탁기를 오래 사용하는 방법은 무엇인가요?
How can you use a washing machine for a long time?

예시답안

빨래를 많이 넣으면 고장이 빨리 납니다. 그래서 세탁물의 용량을 잘 지켜야 합니다.
If you overload the washing machine, it will break down quickly. Therefore, you must adhere to the recommended washing capacity.

다. 냉장고를 오래 사용하는 방법은 무엇인가요?
How can you use a refrigerator for a long time?

예시답안

냉장고 문을 자주 열고 닫지 않습니다. 내부가 가득 차지 않도록 정리하는 것이 중요합니다.
Avoid opening and closing the refrigerator door frequently. It's important to organize the interior so it doesn't become too full.

22 다음 질문에 답하시오.
Answer the following questions.

가. 텔레비전 내부의 열이 잘 빠지기 위해서는 어떻게 설치해야 하나요?
How should the television be installed to ensure proper heat dissipation?

예시답안

텔레비전을 벽에 너무 가까이 설치하는 것보다 공간을 두고 설치해야 합니다.
Rather than installing the television too close to the wall, leave some space behind it.

나. 세탁기를 사용한 후에는 어떻게 해야 하나요?
What should you do after using the washing machine?

예시답안

세탁기를 사용하면 문을 열어 내부를 건조해 줘야 합니다.
After using the washing machine, leave the door open to dry the interior.

다. 냉장고를 정기적으로 정리해야 하는 이유는 무엇인가요?
Why should a refrigerator be cleaned regularly?

예시답안

냉장고를 정기적으로 정리하지 않으면 내부가 가득 차서 고장이 나기 쉽습니다.
If the refrigerator is not cleaned regularly, it can become too full, making it prone to breaking down.

23 다음 질문에 답하시오.
Answer the following questions.

가. _____ 씨는 오래 사용하고 있는 전자 제품이 있어요? 어떻게 관리해요?
Do you have an electronic device you've been using for a long time? How do you maintain it?

Tip 여러분이 오래 사용하고 있는 전자 제품을 잘 생각하며 답합니다.
Think about an electronic device you've been using for a long time and provide your answer.

예시답안

저는 5년 동안 같은 스마트폰을 사용하고 있습니다. 스마트폰이 오래 돼서 배터리는 금방 닳지만 자주 충전을 시켜주고, 필요 없는 앱(App)과 사진은 삭제하여 용량을 만들어 주면서 관리하고 있습니다.
I've been using the same smartphone for 5 years. Although the battery drains quickly because it's old, I charge it frequently. I also manage it by deleting unnecessary apps and photos to free up storage space.

나. _____ 씨는 전자 제품이 고장 나면 어떻게 해요?
What do you do if your electronic device breaks down?

> **예시답안**

저는 전자 제품이 고장이 나면 서비스 센터에 연락을 합니다. 모델명과 고장 난 상태를 말하고, 수리가 필요하다면 직접 방문하기 위해 날짜를 잡거나 택배를 보내 수리를 신청합니다.

If my electronic device breaks down, I would contact the service center, provide the model name and explain the issue. If repairs are needed, I would either schedule a visit or send the device by courier for repair.

24 다음 그림을 보고 질문에 답하시오.
Look at the following picture and answer the questions.

가. 이 모임은 어떤 모임이에요?
   What kind of gathering is this?

> **예시답안**

이 모임은 중학교 동창회입니다.
This gathering is a middle school alumni meeting.

나. 이 모임의 사람들은 서로 어떤 관계예요?
   What kind of relationship do the people in this gathering have with each other?

> **예시답안**

같은 중학교를 졸업한 사람들입니다.
They are people who graduated from the same middle school.

다. 여러분 고향에는 어떤 모임이 있어요?
   What kinds of gatherings exist in your hometown?

> **예시답안**

우리 고향에도 동창회가 있습니다. 동창회에서는 동문들이 모여 정보, 친목, 사회 활동 등을 할 수 있습니다. 학교에 따라 만나기도 하고, 동아리에 따라 만나기도 합니다.

In my hometown, we also have alumni meetings. At these gatherings, alumni come together to share information, build friendships, and engage in social activities. Sometimes they meet based on their school, and other times based on their clubs or interests.

25 부동산 중개인과 손님이 되어 집에 대해 문의하시오.

Role-play as a real estate agent and a customer and inquire about a house.

(1)	(2)
〈월세〉	〈전세〉
• 건물 형태: 오피스텔 원룸 • 보증금 500, 월세 40 • 구조: 방 1, 욕실 1, 부엌 1 • 특징 – 남향 – 지하철역 도보 5분	• 건물 형태: 아파트 • 보증금 7,000 • 구조: 방 2, 욕실 1, 부엌 1 • 특징 – 전망이 좋은 곳 – 근처에 지하철역, 버스 정류장이 있는 곳 – 근처에 편의점, 마트가 있는 곳

※ 실제 시험장에서는 어떤 역할을 맡을지 모르기 때문에 두 역할에 대한 연습이 모두 필요합니다.

※ In the actual test, you don't know which role you will play. Therefore, it's important to practice both roles.

예시답안

(1)

손님: 안녕하세요. 집을 좀 보려고 하는데요.

부동산 중개인: 어서 오세요. 어떤 집을 구하시나요?

손님: 욕실과 부엌이 있는 원룸을 찾고 있어요. 월세면 좋겠어요.

부동산 중개인: 잠깐만요. 마침 새로 나온 집이 있어요.

손님: 그래요? 햇빛이 잘 들고, 근처에 지하철역이 있었으면 좋겠어요.

부동산 중개인: 네, 있어요. 남향이고, 걸어서 5분 거리에 지하철역이 있어요.

손님: 월세는 얼마예요?

부동산 중개인: 보증금 오백(500)에 월세 사십(40)만 원이에요. 한번 보시겠어요?

손님: 네, 바로 보여주세요.

Customer: Hello. I'd like to look at some houses.

Real Estate Agent: Welcome. What kind of house are you looking for?

Customer: I'm looking for a studio apartment with a bathroom and kitchen. I'd prefer a monthly rental.

Real Estate Agent: One moment, please. We have a newly listed property.

Customer: Really? I'd like it to have good sunlight and be close to a subway station.

Real Estate Agent: Yes, it does. It faces south and is just a 5-minute walk to the subway station.

Customer: How much is the monthly rent?

Real Estate Agent: The deposit is 5 million won, and the monthly rent is 400,000 won. Would you like to take a look?

Customer: Yes, please show me right away.

(2)
손님: 안녕하세요. 집을 좀 보려고 하는데요.
부동산 중개인: 어서 오세요. 어떤 집을 구하시나요?
손님: 방 2개가 있는 아파트를 찾고 있어요. 전세면 좋겠어요.
부동산 중개인: 잠깐만요. 마침 새로 나온 집이 있어요. 전망도 좋아요.
손님: 그래요? 근처에 지하철역과 버스 정류장도 있으면 좋겠어요.
부동산 중개인: 네, 지하철역과 버스 정류장이 있어요. 그리고 편의점과 마트도 있어요.
손님: 전세는 얼마예요?
부동산 중개인: 보증금 칠천(7,000)만 원이에요. 한번 보시겠어요?
손님: 네, 바로 보여주세요.

Customer: Hello. I'd like to look at some houses.

Real Estate Agent: Welcome. What kind of house are you looking for?

Customer: I'm looking for an apartment with two bedrooms. I'd prefer a long-term lease(전세).

Real Estate Agent: One moment, please. We have a newly listed property with a great view.

Customer: Really? I'd like it to be close to a subway station and a bus stop as well.

Real Estate Agent: Yes, there's a subway station and a bus stop nearby. There's also a convenience store and a supermarket.

Customer: How much is the deposit?

Real Estate Agent: The deposit is 70 million won. Would you like to take a look?

Customer: Yes, please show me right away.

3단계 제2회 정답 및 해설

필기시험

01	02	03	04	05	06	07	08	09	10
④	②	④	②	③	③	④	②	①	③
11	12	13	14	15	16	17	18	19	20
④	④	④	④	③	①	①	③	②	②

01 정답 ④

계절이 바뀔 때는 기온, 습도 등 '일교차'가 커서 감기에 걸릴 수 있기 때문에 건강에 더욱 유의해야 합니다.

When seasons change, "the difference in daily temperature and humidity(diurnal range)" can be large, which increases the risk of catching a cold. Therefore, you need to pay extra attention to your health.

- **일교차**: 기온, 습도, 기압 따위가 하루 동안에 변화하는 차이

  the variation in temperature, humidity, or pressure that occurs over the course of a single day

02 정답 ②

물이 틈이나 구멍으로 조금씩 나오는 것을 '새다(새서)'라고 합니다.

When water leaks or seeps out through cracks or holes, it is referred to as a "leak."

- **새다**: 기체, 액체 따위가 틈이나 구멍으로 조금씩 빠져 나가거나 나오다.

  when gas, liquid, etc., escapes or leaks through cracks or holes

03 정답 ④

머리나 마음이 여러 가지 일로 어지럽고 혼란스러울 때 '복잡하다'라고 합니다.

When your mind or thoughts feel chaotic or overwhelmed with various things, it is described as being "complex."

- **복잡하다**: 일이나 감정 따위가 갈피를 잡기 어려울 만큼 여러 가지가 얽혀 있다. 복작거리어 혼잡스럽다.

  when matters or emotions are tangled to the point of being difficult to grasp, or when a situation is chaotic or disorderly

04 정답 ②

지갑을 잃어버린 것을 깨닫자마자 은행에 전화했기 때문에 잘 어울리는 것은 '바로'입니다.
The word fits well in the context because it means "immediately" and describes how a person called the bank right after realizing their wallet was missing.

- **바로**: 시간적인 간격을 두지 아니하고 곧
  without any delay or gap in time

05 정답 ③

V+-자마자: 앞의 사건이나 상황이 일어나고 곧바로 뒤의 사건이나 상황이 일어날 때 사용한다.
This grammar is used when the event or situation described in the preceding clause is immediately followed by the event or situation in the following clause.

예 너무 피곤해서 침대에 <u>눕자마자</u> 잠이 들었다.

06 정답 ③

V/A+-고 해서: 앞의 내용이 뒤의 행동에 대한 몇 가지 이유 중 하나일 때 사용한다.
This grammar is used to indicate that the preceding clause provides one of several reasons for the action in the following clause.

예 입맛도 <u>없고 해서</u> 점심은 안 먹을래요.

07 정답 ④

V/A+-아/어 가지고: 앞 행동의 결과나 상태가 유지될 때 사용한다.
This grammar is used to indicate that the result or state of the preceding action is maintained.

예 부모님께서 제 생일 선물을 <u>사 가지고</u> 오셨어요.

08 정답 ②

② 늦게 <u>일어나자마자</u> 회사에 지각했어요. (×)
→ 늦게 <u>일어나는 바람에</u> 회사에 지각했어요. (O)
→ 늦게 <u>일어나서</u> 회사에 지각했어요. (O)
  → I was late for work because I woke up late.
  → I woke up late and was late for work.

09 정답 ①

① 여름이라 그런지 날씨가 아주 <u>더우네요</u>. (×)
→ 여름이라 그런지 날씨가 아주 <u>덥네요</u>. (O)
  → Maybe because it's summer, the weather is very hot.

10 정답 ③

V/A+-(으)냐고 하다: 다른 사람에게서 들은 명령, 질문의 내용을 전달할 때 사용한다.
This grammar is used to convey a question or command heard from someone else.

예 친구가 많이 춥냐고 했어.

11 정답 ④

- **사동 표현**: 문장 주체가 자기 스스로 행하지 않고 남에게 그 행동이나 동작을 하게 함을 나타낼 때 사용한다.
Indicates that the subject of the sentence does not perform the action themselves but makes someone else perform the action.

예 이혼 후 혼자 아이 두 명을 키웠어요.

더 공부하기   사동 표현

-이-		-히-		-리-	
먹다	먹이다	읽다	읽히다	알다	알리다
보다	보이다	입다	입히다	울다	울리다
끓다	끓이다	맞다	맞히다	살다	살리다
-기-		-우-		-추-	
신다	신기다	자다	재우다	늦다	늦추다
맡다	맡기다	타다	태우다	낮다	낮추다
남다	남기다	크다	키우다	맞다	맞추다

12 정답 ④

빈칸 앞에서 "식비에만 80만 원을 썼다.", "이번 휴가철에 여행을 가려고 했는데 생각보다 돈을 너무 많이 썼다."고 하였으므로 앞 문장과 잘 어울리는 것은 '여행 비용이 부담스럽다.'입니다.
The sentences before the blank mention, "I spent 800,000 won just on food" and "I planned to travel during this vacation, but I ended up spending too much money." The phrase that best matches the context is "The cost of the trip is burdensome."

13 정답 ④

빈칸 뒤에서 "사용 시간을 정하고 자기 전에는 스마트폰을 끄기로 했다."고 하였으므로 뒤 문장과 잘 어울리는 것은 '스마트폰을 현명하게 사용하기 위해'입니다.

The sentence after the blank states, "I decided to set a time limit for use and turn off my smartphone before going to bed." The phrase that best fits is "To use a smartphone wisely."

14 정답 ④

내일 오후부터 제주도에는 호우(많은 양의 비)가 내리기 때문에 외출에 주의하라고 하였으므로 내일 제주도는 외출하기 좋은 날씨가 아닙니다.

Since heavy rain(large amounts of rain) is forecast for Jeju Island starting tomorrow afternoon, it is not good weather for going out.

15 정답 ③

구매 후 환불 불가능이라는 의미는 구매를 하면 돈과 물건을 다시 바꿀 수 없다는 의미입니다.

The statement non-refundable after purchase means that after making a purchase, you cannot exchange the item for money or another product.

16 정답 ①

발전 가능성이 있는 곳(10%)보다 근무 환경이 좋은 곳(15%)을 좋은 직장이라고 생각하는 사람이 많습니다.

More people consider a workplace with a good working environment(15%) to be a good job compared to one with potential for growth(10%).

17 정답 ①

1년 중 낮의 길이가 가장 긴 날은 '하지'입니다.

The longest day of the year is called "하지(summer solstice)."

- **절기**: 한국에서는 해가 하늘에서 지나는 길을 보고 1년을 24시기로 나누어 계절의 변화를 나타냄

  In Korea, the solar path is used to divide the year into 24 seasonal periods that reflect changes in the seasons

- **춘분**: 낮과 밤의 길이가 같은 날

  the day when day and night are of equal length

- **동지**: 1년 중 밤의 길이가 가장 긴 날

  the day with the longest night of the year

18 정답 ③

설날 아침에는 떡국을 먹습니다. 떡국을 먹으면 나이도 한 살 더 먹는다는 의미가 있습니다. 그리고 설날에 어른들은 아이들에게 덕담을 해 주고, 아이들은 어른들께 세배를 하고 세뱃돈을 받습니다. 또한 설날은 가족이 모두 모여 윷놀이, 제기차기, 연날리기 등의 전통 놀이도 합니다.

On the morning of 설날(Lunar New Year's Day), people eat 떡국(rice cake soup). Eating 떡국 symbolizes gaining one more year in age. On 설날, adults give blessings to children, and children bow to adults and receive New Year's money. Families also gather to play traditional games such as 윷놀이, 제기차기, and 연날리기.

19 정답 ②

소비자 상담 센터는 여러 단체, 한국소비자원, 지방 자치 단체가 모두 협력하여 운영하는 기관으로, 소비자의 고충과 문제를 빠르고 편리하게 상담해 주고 해결 방법을 제시해 줍니다.

The Consumer Counseling Center is an organization operated in cooperation with various groups, the Korea Consumer Agency, and local governments. It provides quick and convenient advice on consumer issues and suggests solutions to problems.

20 정답 ②

ㄱ. 기본급은 일을 하고 받는 기본적인 돈으로, 수당과 퇴직금을 제외한 돈이다.
   Basic salary refers to the standard payment for work, excluding allowances and severance pay.

ㄴ. 급여는 보통 한 달에 한 번씩 은행 계좌를 통해 받는다.
   Salary is usually received once a month via a bank account.

구술시험

21-22

저는 작년에 한국으로 와서 지금은 면세점에서 직원으로 일하고 있습니다. 제 고향은 중국 후난성입니다. 후난성은 중국의 남동쪽에 있고 여러 하천이 있어 경치가 정말 좋은 곳입니다. 후난성에는 장가계라는 곳이 있는데 영화 '아바타'의 촬영지로 유명합니다. 장가계에 가면 아름다운 호수와 오염되지 않은 깨끗한 자연 풍경을 볼 수 있습니다. 게다가 오래된 건축물도 많아서 중국의 옛날 문화를 느낄 수 있습니다.

21 다음 질문에 답하시오.
Answer the following questions.

가. 이 사람의 고향은 어디예요?
Where is this person's hometown?

예시답안

중국 후난성입니다.
It's Hunan Province in China.

나. 이 사람의 직업은 뭐예요?
What is this person's job?

예시답안

면세점 직원입니다.
This person is a duty-free shop employee.

다. 이 사람은 언제 한국에 왔어요?
When did this person come to Korea?

예시답안

작년에 한국에 왔습니다.
This person came to Korea last year.

22 다음 질문에 답하시오.
Answer the following questions.

가. 이 사람의 고향은 어떤 곳이에요?
What kind of place is this person's hometown?

> **예시답안**
> 후난성은 중국의 남동쪽에 있고, 여러 하천이 있어 경치가 정말 좋은 곳입니다.
> Hunan Province is located in southeastern China. It has many rivers and beautiful scenery.

나. 이 사람의 고향에서 유명한 곳은 어디예요?
What is a famous place in this person's hometown?

> **예시답안**
> 장가계입니다.
> It's Zhangjiajie.

다. 그곳이 유명한 이유는 뭐예요?
Why is that place famous?

> **예시답안**
> 영화 촬영지로도 유명하고, 아름다운 호수와 오염되지 않은 깨끗한 자연 풍경을 볼 수 있는 곳입니다. 그리고 오래된 건축물도 많아서 중국의 옛날 문화를 느낄 수 있는 곳입니다.
> It's well-known as a filming location and for its beautiful lakes and unpolluted natural scenery. It also has many ancient buildings where visitors can experience traditional Chinese culture.

23 다음 질문에 답하시오.
Answer the following questions.

가. 고향의 날씨는 어때요?
What is the weather like in their hometown?

> **예시답안**
> 고향은 보통 낮에는 덥고, 저녁에는 시원합니다. 지금 계절에는 비가 자주 내립니다. 습도가 높아서 덥다고 느낄 수 있습니다.
> The hometown usually has hot days and cool evenings. During this season, it rains frequently. The high humidity can make it feel even hotter.

나. 고향의 주변 환경은 어때요?
What is the surrounding environment like in their hometown?

> **예시답안**
> 우리 고향은 산이 많습니다. 산과 호수 등 자연 풍경이 좋습니다. 그리고 역사가 오래된 곳이 많아서 많은 외국인이 관광을 하러 옵니다.
> My hometown has many mountains, and its natural scenery, including mountains and lakes, is beautiful. It also has many historically significant sites that attract foreign tourists.

다. 여러분의 고향에서 유명한 곳은 어디예요?
  What is a famous place in your hometown?

> **Tip** 여러분 고향에서 유명한 도시를 생각하며 쓰십시오.
> Think of a well-known city or landmark in your hometown.

예시답안

우리 고향에서는 메콩강이 있는 수도 프놈펜이 유명합니다. 메콩강에는 여러 종류의 물고기들이 살고 있어 식량과 식수를 제공합니다. 그리고 땅이 좋아서 강 주변에서 쌀을 키우는 곳이 많습니다. 여러 나라들이 연결되어 있어 국경의 역할을 하고 있습니다.

In my hometown, Phnom Penh, the capital, is well-known for the Mekong River. The river is home to various types of fish, providing food and water. The fertile land around the river is used to grow rice. It also serves as a border, connecting multiple countries.

24 다음 사진을 보고 질문에 답하시오.
Look at the following picture and answer the questions.

가. 한국의 무슨 명절이에요?
  What Korean holiday is shown in the picture?

예시답안

한국의 설날입니다.
It's 설날, the Korean Lunar New Year.

나. 사진 속의 사람들은 무엇을 하고 있어요?
  What are the people in the picture doing?

예시답안

어른께 세배를 드리고 있습니다. 설날에는 아랫사람이 웃어른(할아버지, 할머니)께 세배를 드리고, 웃어른은 아랫사람에게 덕담을 합니다.

They are bowing to their elders. During 설날, younger people bow deeply to their elders(such as grandparents) and receive words of blessing in return.

다. 한국의 명절과 고향의 명절은 무엇이 달라요?
　　How is Korea's holiday different from the holiday in your hometown?

예시답안

우리 고향에도 한국의 설날과 비슷한 명절이 있습니다. '춘절'이라고 하는데 한국에서는 설날에 떡국을 먹지만 고향에서는 춘절에 만두를 먹습니다. 그리고 아이들은 어른께 세배를 드리고 세뱃돈을 받는데 한국에서는 흰색 봉투에 세뱃돈을 담아서 주지만 우리 고향에서는 빨간색 봉투에 세뱃돈을 담아서 줍니다.

In my hometown, we have a holiday similar to Korea's 설날. It's called "Chunjie" (Chinese New Year). In Korea, people eat 떡국 on 설날, but in my hometown, we eat dumplings during Chunjie. Children bow to elders and receive money as a gift. In Korea, the money is given in white envelopes, while in my hometown, it's given in red envelopes.

25 직원과 손님이 되어 전자 제품을 교환할 수 있는지 대화하시오.
Role-play as an employee and a customer, and have a conversation about exchanging a mobile phone.

> **전자 제품 교환 및 환불 규정**
> 1) 박스를 개봉하거나 제품이 훼손되면 교환 및 환불이 불가능합니다.
> 2) 고객의 변심에 의한 환불은 제품 구매 후 7일 이내에 가능합니다.
> 3) 문제가 있는 제품을 구매했을 때 7일 이내에 서비스 센터에서 환불 및 교환 또는 A/S가 가능합니다. (단, 영수증 지참)
> 4) 교환 및 환불은 구매한 곳에서만 가능합니다.

※ 실제 시험장에서는 어떤 역할을 맡을지 모르기 때문에 두 역할에 대한 연습이 모두 필요합니다.
※ In the actual test, you don't know which role you will play. Therefore, it's important to practice both roles.

예시답안

직원: 어서오세요. 무엇을 도와 드릴까요?
손님: 안녕하세요. 저 전화할 때 소리가 잘 안 들려서 휴대 전화를 교환하고 싶은데요.
직원: 네, 언제 구입하셨습니까?
손님: 5일 전에 샀어요.
직원: 혹시 영수증을 가지고 오셨습니까?
손님: 네, 여기요.
직원: 네, 감사합니다. 영수증 지참하면 7일 이내에 교환이 가능하여 새 제품으로 바꿔 드리도록 하겠습니다. 잠시만 기다려 주세요.
손님: 네, 감사합니다.

Employee: Welcome! How can I help you?

Customer: Hello. I'd like to exchange my mobile phone because the sound doesn't come through clearly during calls.

Employee: I see. When did you purchase the phone?

Customer: I bought it five days ago.

Employee: Do you have the receipt with you?

Customer: Yes, here it is.

Employee: Thank you. If you have the receipt, you can exchange the phone within seven days. I will replace it with a new one for you. Please wait a moment.

Customer: Thank you very much.

답안 작성 방법 안내

사회통합프로그램 평가답안지 □1단계 평가 □2단계 평가 □3단계 평가

영 역 이 름	객 관 식																			
	1	①	②	③	④		11	①	②	③	④
	2	①	②	③	④		12	①	②	③	④
	3	①	②	③	④		13	①	②	③	④
	4	①	②	③	④		14	①	②	③	④
	5	①	②	③	④		15	①	②	③	④
	6	①	②	③	④		16	①	②	③	④
	7	①	②	③	④		17	①	②	③	④
	8	①	②	③	④		18	①	②	③	④
	9	①	②	③	④		19	①	②	③	④
	10	①	②	③	④		20	①	②	③	④

※ 감독자만 기입하십시오.

구술형점수			감독 서명
⓪		⓪	
⓪	①	①	
	②	②	
	③	③	
	④		
⑤	⑤		
	⑥		
	⑦		
	⑧		
	⑨		

외국인등록번호

⓪	⓪	⓪	⓪	⓪	⓪	⓪	—	⓪	⓪	⓪	⓪	⓪	⓪
①	①	①	①	①	①	①		①	①	①	①	①	①
②	②	②	②	②	②	②		②	②	②	②	②	②
③	③	③	③	③	③	③		③	③	③	③	③	③
④	④	④	④	④	④	④		④	④	④	④	④	④
⑤	⑤	⑤	⑤	⑤	⑤	⑤		⑤	⑤	⑤	⑤	⑤	⑤
⑥	⑥	⑥	⑥	⑥	⑥	⑥		⑥	⑥	⑥	⑥	⑥	⑥
⑦	⑦	⑦	⑦	⑦	⑦	⑦		⑦	⑦	⑦	⑦	⑦	⑦
⑧	⑧	⑧	⑧	⑧	⑧	⑧		⑧	⑧	⑧	⑧	⑧	⑧
⑨	⑨	⑨	⑨	⑨	⑨	⑨		⑨	⑨	⑨	⑨	⑨	⑨

※ 객관식 답안은 OMR 카드에 작성합니다.

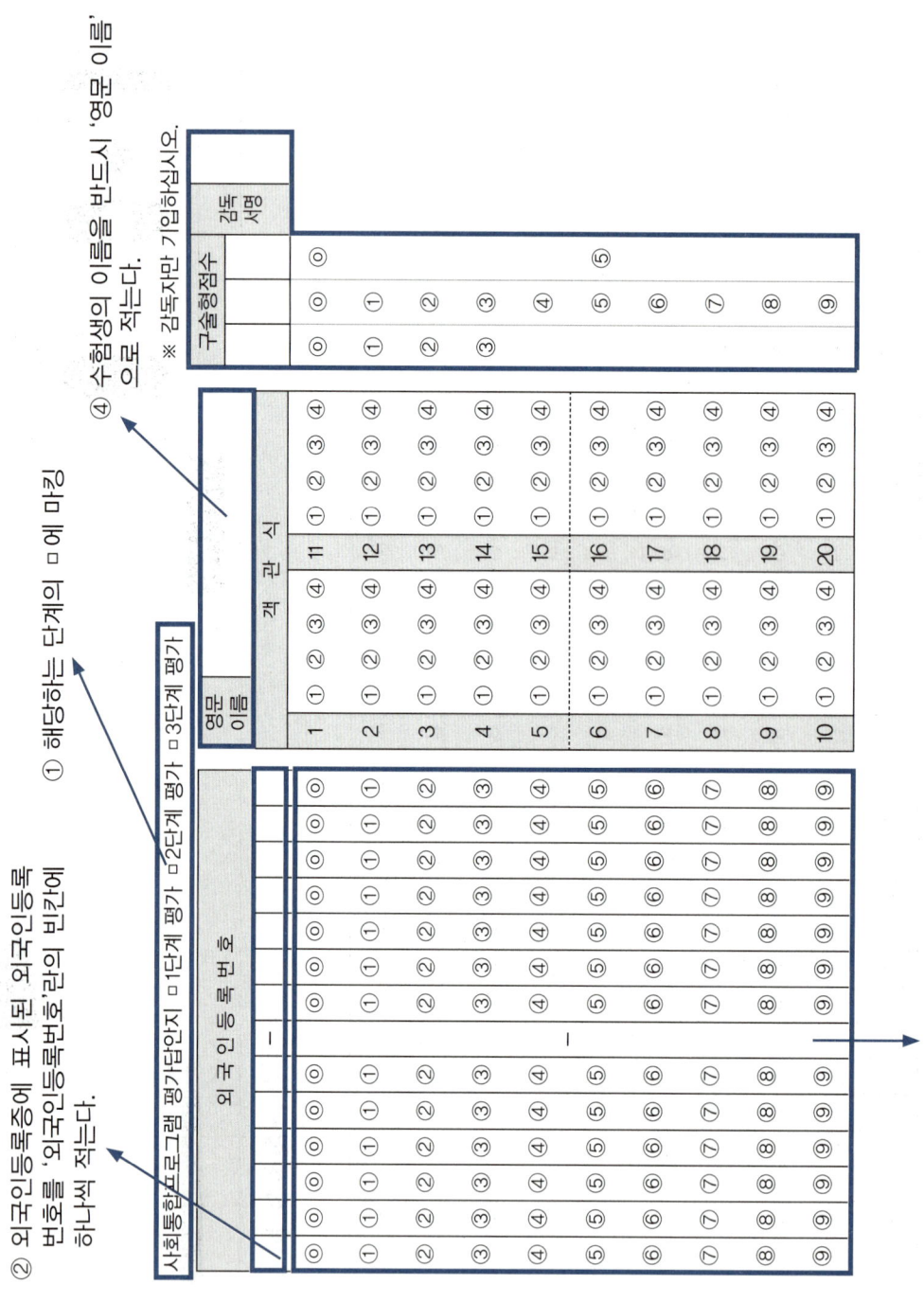

※ 이 답안지는 연습용 모의 답안지입니다.

※ 이 답안지는 연습용 모의 답안지입니다.

사회통합프로그램 평가답안지 □1단계 평가 □2단계 평가 □3단계 평가

※ 감독자만 기입하십시오.

※ 문제 유형은 법무부에서 공개한 단계평가 견본 문항과 실제 기출문제를 바탕으로 구성했습니다. 그러나 기관에 따라 문제의 유형과 구성은 달라질 수도 있다는 점 참고 바랍니다.

1단계 유형 학습 자가 진단 평가표

유형	내용	학습 완료
1	그림을 보고 알맞은 동작 고르기	✓
2	그림을 보고 알맞은 어휘·문장 고르기	
3	대화의 빈칸을 보고 알맞은 어휘 고르기	
4	대화의 빈칸을 보고 알맞은 단위명사 고르기	
5	문장의 빈칸을 보고 알맞은 조사 고르기	
6	문장의 빈칸을 보고 알맞은 연결 표현 고르기	
7	대화의 빈칸을 보고 알맞은 연결 표현 고르기	
8	대화의 빈칸을 보고 알맞은 종결 표현 고르기	
9	대화의 빈칸을 보고 알맞은 의문 표현 고르기	
10	대화의 빈칸을 보고 알맞은 청유·명령·의지 표현 고르기	
11	짧은 글을 보고 알맞은 문법 고르기	
12	긴 글을 보고 알맞은 문장 고르기 1	
13	긴 글을 보고 알맞은 문장 고르기 2	
14	광고문·안내문·달력 등을 보고 세부 내용 파악하기	
15	긴 글을 보고 같은 내용 고르기	
16	긴 글을 보고 다른 내용 고르기	
17	한국의 언어와 관련된 문화 이해하기	
18	한국의 생활 정보와 관련된 문화 이해하기	
19	한국 사회와 관련된 문화 이해하기	
20	한국의 지리 및 지역과 관련된 문화 이해하기	

2단계 유형 학습 자가 진단 평가표

유형	내용	학습 완료
1	문장의 빈칸을 보고 알맞은 어휘 고르기	✓
2	문장의 빈칸을 보고 알맞은 부사 고르기	
3	문장의 빈칸을 보고 알맞은 형용사 고르기	
4	문장의 빈칸을 보고 알맞은 동사 고르기	
5	대화의 빈칸을 보고 알맞은 연결 표현 고르기	
6	대화의 빈칸을 보고 알맞은 복합 연결 표현 고르기	
7	대화의 빈칸을 보고 알맞은 원인·이유·의지 표현 고르기	
8	틀린 문법 고르기 1	
9	틀린 문법(복합 종결 표현) 고르기 2	
10	틀린 문법(의존 명사를 활용한 복합 표현) 고르기 3	
11	긴 글을 보고 알맞은 문법 고르기	
12	긴 글을 보고 알맞은 문장 고르기 1	
13	긴 글을 보고 알맞은 문장 고르기 2	
14	초대문·광고문·안내문 등을 보고 세부 내용 파악하기 1	
15	초대문·광고문·안내문 등을 보고 세부 내용 파악하기 2	
16	짧은 글을 보고 중심내용 찾기	
17	한국의 전통과 관련된 문화 이해하기	
18	한국의 생활 정보와 관련된 문화 이해하기	
19	한국의 가치관 및 규칙과 관련된 문화 이해하기	
20	한국의 문화 이해하기	

3단계 유형 학습 자가 진단 평가표

유형	내용	학습 완료
1	문장의 빈칸을 보고 알맞은 어휘 고르기	✓
2	문장의 빈칸을 보고 알맞은 동사 고르기	
3	문장의 빈칸을 보고 알맞은 형용사 고르기	
4	문장의 빈칸을 보고 알맞은 부사 고르기	
5	대화의 빈칸을 보고 알맞은 복합 연결 표현 고르기	
6	대화의 빈칸을 보고 알맞은 연결 표현 고르기	
7	대화의 빈칸을 보고 알맞은 조사 고르기	
8	대화의 빈칸을 보고 알맞은 종결 또는 의문 표현 고르기	
9	대화의 빈칸을 보고 알맞은 간접 표현 고르기	
10	대화의 빈칸을 보고 알맞은 종결 표현 고르기	
11	긴 글을 보고 알맞은 문법 고르기 1	
12	긴 글을 보고 알맞은 문법 고르기 2	
13	긴 글을 보고 알맞은 문장 고르기	
14	포스터·광고문·안내문 등을 보고 세부 내용 파악하기	
15	긴 글을 보고 다른 내용 고르기	
16	긴 글을 보고 같은 내용 고르기	
17	한국인의 취미 및 직장 생활과 관련된 문화 이해하기	
18	교환과 환불·성격·직업과 관련된 문화 이해하기	
19	전통과 현대와 관련된 문화 이해하기	
20	〈보기〉를 보고 생활 정보와 관련된 문화 이해하기	

좋은 책을 만드는 길, 독자님과 함께 하겠습니다.

2025 시대에듀 사회통합프로그램 단계평가 1·2·3 단계별 실전 모의고사

초 판 발 행	2025년 03월 05일 (인쇄 2025년 01월 10일)
발 행 인	박영일
책 임 편 집	이해욱
편 저	사회통합교육연구회
편 집 진 행	구설희 · 곽주영
표지디자인	조혜령
편집디자인	홍영란 · 채현주
발 행 처	(주)시대고시기획
출 판 등 록	제10-1521호
주 소	서울시 마포구 큰우물로 75 [도화동 538 성지 B/D] 9F
전 화	1600-3600
팩 스	02-701-8823
홈 페 이 지	www.sdedu.co.kr
I S B N	979-11-383-8256-4(13300)
정 가	16,000원

※ 이 책은 저작권법의 보호를 받는 저작물이므로 동영상 제작 및 무단전재와 배포를 금합니다.
※ 잘못된 책은 구입하신 서점에서 바꾸어 드립니다.